D1731447

NATÜRLICH SUPPE

NATÜRLICH

SUPPE

© Soup en Zo & Kosmos Uitgevers, Utrecht, The Netherlands, 2016
Rezepte: Soup en zo
Fotos: Mitchell van Voorbergen, Amelie Antoinette Tegtmeyer (S. 10, 70, 72, 75 (oben), 112, 137, 140-141)
Layout: Tijs Koelemeijer
978-9-021-56331-2

© Verlag Herder GmbH, Freiburg im Breisgau 2017
Alle Rechte vorbehalten
www.herder.de
www.urania-verlag.de

Umschlaggestaltung: Designbüro Gestaltungssaal
Umschlagmotiv: © Anna_Pustynnikova – shutterstock
Übersetzung: Bärbel Jänicke
Satz: Carsten Klein, München
Herstellung: Graspo CZ, Zlín
Printed in the Czech Republic

ISBN 978-3-451-66073-3

INHALT

EINE OFFENE KÜCHE

Dampfende Töpfe auf dem Herd. Körbe mit frischen Zutaten. Der Koch kennt Sie und weiß, dass heute Ihre Lieblingssuppe auf der Speisekarte steht. Es gibt Kunden, die ihre Suppe bei uns essen. Und es gibt Kunden, die mit einem Becher Suppe aus der Tür gehen. Willkommen bei *Natürlich Suppe* (Soup en Zo). In Amsterdam gibt es drei dieser kulinarischen Imbisse, in denen Sie Suppe (und Salat) essen können. Jeder liegt an einer Ecke, an der sich Wege kreuzen. Das kann kein Zufall sein. Wir suchen den Kontakt zu unseren Gästen, wir suchen den Kontakt zu Ihnen! In unserer Küche sind Begegnungen ebenso unverzichtbar wie Brühe und frische Kräuter.

In den Vierteln, in denen wir kochen, besteht eine große Nachfrage nach unkompliziertem, gutem und schnellem Essen. Unsere Imbisse sind eine Erweiterung der eigenen Wohnung oder des Büros. Wir betreiben auch ein Catering, aber keinen Lieferdienst. Sie müssen Ihre Suppe selbst bei uns abholen. Warum? Weil wir Sie gerne bei uns sehen möchten. Am liebsten täglich. Wir führen kein Restaurant, in dem man ausgiebig tafelt; unsere Stoßzeiten liegen zwischen zwölf und vierzehn Uhr mittags und zwischen fünf und sechs Uhr am frühen Abend, also zu Zeiten, in denen man sich auch zu Hause etwas zu essen macht. Wir sind ein Ort, an dem etwas so Normales wie der Verzehr einer Schale Suppe zu einem kleinen Erlebnis wird. Wie geht's? Wie schmeckt's? Jede Suppe wird von einem Lächeln begleitet.

Sie müssen Ihre Suppe selbst bei uns abholen. Warum? Weil wir Sie gerne bei uns sehen möchten. Am liebsten täglich.

Mit dieser Sammlung unserer Lieblingsrezepte der Welt- und Fusionsküche möchten wir das Lächeln in Ihre eigene Küche bringen. Wir finden es logisch und schön, unsere Rezepte mit Ihnen zu teilen. Das Geheimnis unserer Suppe liegt nicht nur in den Rezepten. Zu diesem Geheimnis gehören auch Sie. Unsere Bauern, Köche, Verkäufer und Kunden: Alle zusammen tragen zu der Suppe bei.

Dieses Kochbuch ist für alle gedacht, die gut und einfach essen möchten und bereit sind, sich dafür selbst in die Küche zu stellen. Doch dieses Buch feiert auch das Bestehen von *Natürlich Suppe*. Ein Hoch auf alle derzeitigen und zukünftigen Mitglieder unserer kleinen stolzen Community. Es lebe die Suppe! Es lebe *Natürlich Suppe*.

REINES PÜREE

Suppen aus reinem Gemüsepüree
sind die *Single Blends* der Suppen-
welt. Sie sind schlicht. Und Gemüse
spielt darin immer die Hauptrolle.
Denken Sie nur an Rote Bete, Knollensellerie, Spinat und Kürbis.

ZUCCHINISUPPE MIT PARMESAN UND BASILIKUM

Wenn diese Zucchinisuppe auf der Speisekarte steht, ist sie meistens bereits nachmittags ausverkauft. Für diejenigen, die leer ausgegangen sind (oder nicht genug davon bekommen können), hier das Geheimnis einer Suppe, die bei uns sehr beliebt ist. Ihre Zubereitung ist nicht schwierig, nur das Anbraten der Zucchini erfordert ein wenig Geduld.

FÜR VIER PERSONEN

75 ml Olivenöl
3 große Zucchini, gewürfelt
2 Knoblauchzehen, in dünne Scheiben geschnitten
400 ml Wasser
75 g Parmesan, gerieben
100 ml Sahne
4 Stängel Petersilie, grob gehackt
30 Blätter Basilikum
Saft von 1/8 Zitrone
frisch gemahlener schwarzer Pfeffer und Meersalz

―――――

Geröstete Körnermischung (siehe Seite 134) zum Garnieren

Das Olivenöl in einer Pfanne erhitzen und die Zucchini mit dem Knoblauch bei starker Hitze anbraten, bis die Zucchini leicht gebräunt sind. Die Zucchini in einen Kochtopf geben und das Wasser hinzugießen. Beides zum Kochen bringen und einige Minuten sanft köcheln lassen. Den Parmesan, die Sahne, die Petersilie, das Basilikum und den Zitronensaft hinzufügen. Die Herdplatte ausschalten. Die Suppe mit einem Stabmixer fein pürieren. Mit schwarzem Pfeffer und Meersalz abschmecken und mit der gerösteten Körnermischung servieren.

KNOLLENSELLERIESUPPE

Mit Knollensellerie lässt sich wirklich eine ganze Menge anstellen, man kann ihn braten, frittieren oder pürieren (eventuell zusammen mit Kartoffeln). Er hat einen charakteristischen Geschmack: bitter, süß, erdig und manchmal ganz leicht zitronig. Wegen seines kräftigen Aromas eignet er sich besonders gut für Suppen.

FÜR VIER PERSONEN

1 kg Knollensellerie (2 kleine Knollen, geputzt)
50 g Butter
1 mittelgroße Zwiebel, grob gewürfelt
1 kleine Knoblauchzehe, grob gehackt
Schalenabrieb von ¼ unbehandelter Zitrone
500 ml Milch
500 ml Wasser
Saft von ¼ Zitrone
Frisch gemahlener schwarzer Pfeffer und Meersalz

Cashewnüsse, eventuell in etwas Sonnenblumenöl mit einer Prise Meersalz geröstet, zum Garnieren

Den Knollensellerie mit einem großen Messer schälen und den Sand abwaschen. Den Wurzelansatz der Knollen abschneiden, damit sie stabil auf dem Schneidebrett liegen, anschließend in 2 Zentimeter große Würfel schneiden.

Die Butter in einem Suppentopf erhitzen und darin die Zwiebel, den Knoblauch und den Zitronenabrieb mit einer Prise Meersalz andünsten. Den Knollensellerie, die Milch und das Wasser hinzufügen. Den Knollensellerie bei geringer Hitze gar köcheln. Die Herdplatte ausschalten und die Suppe mit dem Stabmixer pürieren. Mit Zitronensaft, schwarzem Pfeffer und Meersalz abschmecken.

Die Suppe mit den gerösteten Cashewnüssen servieren.

KÜRBISSUPPE MIT KREUZKÜMMEL

Das ist wahrscheinlich der *All-time-Favorite*, die absolute Lieblingssuppe in unserem Restaurant. In der Kombination aus Kürbis und Kreuzkümmel findet sich der Geschmack der nordafrikanischen Küche wieder. In der marokkanischen Küche werden beispielsweise auch Karotten oft mit Kreuzkümmel gewürzt. Kreuzkümmel enthüllt sein Geheimnis jedoch erst, wenn man ihn anröstet.

FÜR VIER PERSONEN

50 ml Olivenöl
1 mittelgroße Zwiebel, grob gehackt
½ Karotte in 1 cm breiten Scheiben
2 Knoblauchzehen, fein gehackt
2 TL Kreuzkümmelsamen
⅛ TL Chilipulver
1,25 kg Flaschenkürbis, gewaschen, von den Kernen befreit und in Stücke geschnitten
Saft von ⅛ Zitrone
Meersalz

———

Korianderblättchen und geröstete Körnermischung (siehe Seite 134) zum Garnieren

Das Olivenöl in einem Suppentopf erhitzen und darin die Zwiebel, die Karotte und den Knoblauch mit einer Prise Meersalz andünsten. Den Kreuzkümmelsamen und das Chilipulver hinzufügen und kurz mit anrösten. Das Wasser und den Kürbis hinzufügen. Den Kürbis bei mittlerer Hitze garen. Kontrollieren Sie, ob er gar ist, indem Sie mit einer Gabel in die Schale stechen. Die Suppe mit einem Stabmixer fein pürieren; das kann eine Weile dauern. Mit etwas Chilipulver, Zitronensaft und Meersalz abschmecken. Mit einer großzügigen Menge Korianderblättchen und der gerösteten Körnermischung servieren.

BROKKOLISUPPE MIT GERÖSTETEN KÖRNERN

Brokkoli wird oft als wenig attraktiv angesehen. Zu Unrecht. Brokkoli ist nicht nur vielseitig, sondern zählt auch zu den gesündesten Kohlsorten, wobei Kohl ohnehin schon zur Topkategorie gehört. Nur eines sollten Sie dabei im Auge behalten: das Timing. Wenn Sie den Topf während des Dünstens nicht abdecken, können Sie sehen, wie sich das matte Grün in ein strahlendes Smaragdgrün verwandelt. Dieses leuchtende Grün bleibt nur kurze Zeit bestehen, schon kurz darauf kann es zu spät sein: der Geschmack geht verloren und die Vitamine verflüchtigen sich. Wenn Sie diese einfache Suppe selbst machen möchten, daher unser Tipp: Bleiben Sie in der Nähe!

FÜR ZWEI PERSONEN

50 ml Olivenöl
1 mittelgroße Zwiebel, grob geschnitten
½ Karotte in 1 cm breiten Scheiben
500 ml Wasser
1 großer Brokkoli, die Röschen kurz abge-
schnitten, die Stiele gesondert abgetrennt
und den Strunk geschält und in kleine Stücke
geschnitten
60 ml Sahne
Saft von ⅛ Zitrone
frisch gemahlener schwarzer Pfeffer und Meer-
salz

—————

Geröstete Körnermischung (siehe Seite 134)
zum Garnieren

Das Olivenöl in einem Suppentopf erhitzen und darin die Zwiebel und die Karotte andünsten. Das Wasser hinzugießen und alles aufkochen lassen. Den Brokkolistrunk und die Stiele dazugeben und bei geschlossenem Topf bissfest garen. Die Sahne und die Brokkoliröschen hinzufügen, erneut aufkochen lassen und dann die Hitze reduzieren. Mit dem Stabmixer pürieren, bis die Suppe die gewünschte Konsistenz hat. Mit Zitronensaft, schwarzem Pfeffer und Meersalz abschmecken. Mit der gerösteten Körnermischung servieren.

SPANISCHE ROTE-BETE-SUPPE MIT DILL UND SAUERRAHM

Rote Bete und Dill führen in der osteuropäischen Küche schon lange Zeit eine sehr beständige Ehe, und Sauerrahm ist ihr gern gesehener Gast. Auch in Spanien ist diese Kombination nicht selten. Ihr Temperament verdankt diese wunderbare purpurrote Suppe (die gemeinsam mit der intensiv grünen Spinatsuppe und dem ockergelben Dal in unserer Theke ein herrliches Farbenspiel bietet) der Chilischote und einem kräftigen Schuss Sherry.

FÜR VIER PERSONEN

50 ml Olivenöl
1 mittelgroße Zwiebel, grob geschnitten
1 Knoblauchzehe, grob gehackt
⅓ rote Chilischote
75 ml trockener Sherry
8 Stängel Thymian, nur die Blättchen
4 Strauchtomaten, gewürfelt
*1 kg Rote Bete, geschält und in dünne Scheiben
geschnitten*
1,25 l Wasser
Saft von ½ Zitrone
Meersalz
———————
*Sauerrahm, Dill und glatte Petersilie zum
Garnieren*

Das Olivenöl in einem Suppentopf erhitzen und darin die Zwiebel, den Knoblauch und die Chilischote mit einer Prise Meersalz andünsten. Mit Sherry ablöschen. Nach 5 Minuten den Thymian und die Tomaten unterrühren, dann die Rote Bete und das Wasser hinzugeben. Das Ganze aufkochen und etwa 20 Minuten köcheln lassen, bis die Rote Bete bissfest ist. Die Hitze reduzieren. Den Zitronensaft hinzufügen. Die Suppe mit einem Stabmixer fein pürieren. Mit Zitronensaft und Meersalz abschmecken. Die Suppe mit Sauerrahm, Dill und Petersilie servieren.

SÜSSKARTOFFELSUPPE MIT KOKOS UND CASHEWNÜSSEN

FÜR VIER PERSONEN

40 ml Sonnenblumenöl
1 mittelgroße Zwiebel, grob gewürfelt
1 daumengroßes Stück Ingwer, geschält und
   fein geschnitten
½ rote Chilischote, grob geschnitten
2 Knoblauchzehen, grob geschnitten
1 kg Süßkartoffeln, geschält, gewaschen und
   grob geschnitten
800 ml Wasser
75 g Kokosnuss-Creme (erhältlich in guten
   Supermärkten und Asialäden)
4 TL Tamari (japanische Sojasoße) + etwas
   zusätzliche Soße zum Abschmecken
Saft von ½ Limone
Meersalz

Fein geschnittene Korianderblättchen und in
etwas Sonnenblumenöl und einer Prise Meer-
salz geröstete Cashewnüsse zum Garnieren

Das Sonnenblumenöl in einem Suppentopf erhitzen und darin die Zwiebel, den Ingwer, die Chilischote und den Knoblauch andünsten. Die Süßkartoffeln hinzufügen und Wasser hinzugießen, bis sie knapp bedeckt sind. Die Suppe aufkochen, die Temperatur reduzieren und die Süßkartoffeln bei geschlossenem Deckel garen. Dann die Kokosnuss-Creme, die Tamari und den Limonensaft unterrühren. Die Herdplatte ausschalten und die Suppe mit dem Stabmixer pürieren. Die Suppe mit Korianderblättchen und den gerösteten Cashewnüssen servieren.

PIKANTE BLUMENKOHLSUPPE

Blumenkohl feiert schon seit einiger Zeit ein Comeback und das zu Recht. Schneiden Sie den Blumenkohl in gleich große Röschen, damit er gleichmäßig garen kann. Der Trick bei diesem Rezept liegt darin, die Suppe zu pürieren, wenn der Blumenkohl noch bissfest ist. So erhält die Suppe eine leichte Textur. Echt super! Pürieren Sie die Suppe daher nicht zu lange und zu fein. Genießen Sie sie frisch, denn die Blumenkohlsuppe steht nicht gerne im Kühlschrank.

FÜR ZWEI PERSONEN

50 ml Olivenöl
¼ Karotte in 1 cm breiten Scheiben
1 mittelgroße Zwiebel, grob gewürfelt
¾ TL Kurkuma
1 TL Kreuzkümmel
½ TL Chilipulver
½ TL gemahlener Koriandersamen
1 großer Blumenkohl, gewaschen und in dünne
  gleich große Röschen geteilt
750 ml Wasser
Saft von ⅛ Zitrone
Meersalz

————

Joghurt (nach Belieben) und fein geschnittene
Minze zum Garnieren

Das Olivenöl in einem Suppentopf erhitzen und darin die Karottenscheiben und die Zwiebelwürfel mit einer Prise Meersalz andünsten. Wenn die Karotte weich ist, Kurkuma, Kreuzkümmel, Chilipulver und Koriandersamen hinzufügen. Die Gewürze kurz mit andünsten. Den Blumenkohl hinzufügen, mit Wasser aufgießen, bis er knapp bedeckt ist. Die Suppe aufkochen und den Blumenkohl anschließend bei geringer Hitze und geschlossenem Deckel bissfest garen. Die Herdplatte ausschalten und die Suppe mit dem Stabmixer pürieren. Mit Zitronensaft, schwarzem Pfeffer und Meersalz abschmecken. Minze und Joghurt mischen. Servieren Sie die Suppe mit einem Löffel Minzjoghurt.

AROMATISCHE SPINATSUPPE MIT KOKOS

Diese aromatische Spinatsuppe ist vielleicht die einzige Suppe, die bei uns jeden Tag auf der Speisekarte steht. Weil wir sie nicht allzu lange stehen lassen möchten, bereiten wir sie stets nur in kleinen Mengen zu. Das Risiko, dass sie schon ausverkauft ist, wenn man am Nachmittag danach fragt, ist daher groß. Damit Sie nie wieder darauf verzichten müssen, hier nun dieses (einfache) Rezept.

FÜR VIER PERSONEN

50 ml Olivenöl
1 kleine Zwiebel, grob gewürfelt
1 Knoblauchzehe, grob geschnitten
½ kleine scharfe Chilischote (Adjuma oder Madame Jeanette), fein gehackt
1 ½ TL Meersalz
1 kg Spinat, gewaschen und abgetropft
200 ml Kokosmilch
Saft von ½ Limone

———————

Korianderblättchen und geröstete Körnermischung (siehe Seite 134) zum Garnieren

Das Olivenöl in einem Suppentopf erhitzen und darin die Zwiebel, den Knoblauch und die Chilischote mit der Hälfte des Meersalzes andünsten. Wenn die Zwiebel glasig ist, den Spinat portionsweise bei starker Hitze unterrühren; die nächste Portion hinzufügen, sobald die vorherige zusammengefallen ist. Wenn der Spinat gedünstet ist, die Herdplatte ausschalten. Kokosmilch und Limonensaft hinzufügen. Die Suppe mit dem Stabmixer pürieren und mit Meersalz abschmecken. Mit Korianderblättchen und der gerösteten Körnermischung servieren.

TIPP: Verwenden Sie einen großen Topf, um den Spinat zusammenfallen zu lassen, oder geben sie ihn nach und nach in kleinen Portionen in den Topf. Für den Geschmack ist es entscheidend, die Suppe im richtigen Moment zu pürieren. Schalten sie die Herdplatte aus, sobald sich die ersten Bläschen zeigen. Um die Farbe zu erhalten, sollten Sie die Suppe nicht zu lange pürieren. Bei *Natürlich Suppe* essen wir diese Suppe gerne etwas dickflüssiger.

KAROTTENSUPPE MIT WÜRZIGEM KORIANDERPESTO

Diese Karottensuppe stammt aus der Küche von Alice Waters, die sie in ihrem Restaurant *Chez Panisse* schon für mehrere Präsidenten gekocht hat. Es gibt wenige Menschen, die sich mit ihren Zutaten so gut auskennen wie sie. Kein Wunder, dass eine einfache Karottensuppe, auch dank des würzigen Pestos, in ihrer Küche zu etwas Phänomenalem wird.

FÜR VIER PERSONEN

Olivenöl
1 mittelgroße Zwiebel, grob gewürfelt
Schale einer unbehandelten Zitrone
1 kg Karotten in 1 cm breiten Scheiben
1 l Wasser
Saft von ⅛ Zitrone
Meersalz

———————

Zum Garnieren: Würziges Korianderpesto
(siehe Seite 132)

Das Olivenöl in einem Suppentopf erhitzen und darin die Zwiebel, die Zitronenschale und die Karotten mit einer Prise Meersalz andünsten. Wasser aufgießen, bis das Gemüse knapp bedeckt ist. Die Karotten bei geringer Hitze garen. Den Zitronensaft hinzufügen und die Suppe mit einem Stabmixer pürieren. Mit Meersalz abschmecken. Die Suppe mit dem würzigen Korianderpesto servieren.

PAPRIKASUPPE MIT BASILIKUM

FÜR VIER PERSONEN

1,5 kg rote Paprikaschoten
200 g Cherrytomaten
1 TL weißer Balsamicoessig
75 ml Olivenöl
2 Knoblauchzehen, in der Schale zerdrückt
1 große Zwiebel, grob gewürfelt
⅓ rote Chilischote, grob geschnitten
500 ml Wasser
30 Basilikumblätter, grob gehackt
½ Bund Petersilie, grob gehackt
½ Bund Oregano, grob gehackt
Meersalz
———————
Sauerrahm zum Garnieren

Die Paprikaschoten zunächst rösten. Dazu den Grill auf höchster Stufe vorheizen und die Paprikaschoten rösten, bis sie rundherum schwarze Flecken zeigen; alternativ die Paprika mit der Küchenzange über einer Gasflamme drehen. Wenn sie etwas abgekühlt sind, die Paprikaschoten häuten, Samen und Scheidewände entfernen und die Schoten in Würfel schneiden.

Den Backofen auf 200 °C vorheizen.

Die Tomaten mit dem Balsamicoessig, ein wenig Olivenöl und dem Knoblauch mischen, in eine Auflaufform geben und 20 Minuten im heißen Ofen garen.

Das restliche Olivenöl in einem Suppentopf erhitzen und darin die Zwiebel und die Chilischote mit einer Prise Meersalz anschwitzen. Wasser hinzugießen und zum Kochen bringen. Die geröstete Paprika hinzufügen und alles 10 Minuten köcheln lassen. Das Basilikum, die Petersilie, den Oregano und die gegarten Tomaten hinzufügen. Angebackenes und Öl mit etwas Wasser aus der Auflaufform lösen und zur Suppe geben. Die Suppe mit dem Stabmixer pürieren. Mit Meersalz abschmecken und die Suppe mit Sauerrahm servieren.

ROTE-BETE-GAZPACHO

FÜR VIER PERSONEN

1 grüne Paprikaschote, grob geschnitten
¼ rote Zwiebel, grob geschnitten
¼ kleine weiße Zwiebel, grob geschnitten
1 Knoblauchzehe, grob gehackt
70 ml kalt gepresstes Olivenöl
5 Strauchtomaten
5 kleine Rote Bete, geschält und gewürfelt
40 ml Rotweinessig
½ Gurke, geschält und gewürfelt
1 ½ TL Meersalz
Saft einer Zitrone
250 ml Wasser

———————

Gurke, geschält und entkernt, in Würfelchen
geschnitten zum Garnieren

Den Backofen auf 175 °C vorheizen.

Die Paprikaschote, die rote und die weiße Zwiebel und den Knoblauch in eine kleine Auflaufform legen und mit etwas Olivenöl beträufeln. Die Form in den Backofen stellen und das Gemüse 18 Minuten rösten.

Die Strauchtomaten an der Unterseite kreuzförmig einschneiden und kurz in kochendes Wasser tauchen, die Haut abziehen, dann die Tomaten in Stücke schneiden. Alle Zutaten in eine Schüssel geben und mit dem Stabmixer fein pürieren. Den Gazpacho mit Gurkenwürfelchen servieren.

TOMATENSUPPE MIT INGWER UND KORIANDER

Je nach Intensität der Ingwerwurzel und persönlichen Vorlieben kann der Ingwergeschmack sehr unterschiedlich wahrgenommen werden. Wenn Sie auf Ingwer versessen sind, nehmen Sie einfach etwas mehr davon. Wie stark man den Ingwer herausschmeckt, hängt auch von der Schärfe der Chilischote ab.

FÜR VIER PERSONEN

50 ml Sonnenblumenöl
1 mittelgroße Zwiebel, grob gewürfelt
2 Knoblauchzehen, grob gehackt
1 daumengroßes Stück Ingwerwurzel, geschält und fein gehackt
½ Karotte in 1 cm breiten Scheiben
½ rote Chilischote, grob gehackt
1 TL Kurkuma
1 TL Koriandersamen
30 g Reis
250 ml Wasser
3 Dosen geschälte Tomaten (je 400 g)
1 Bund Koriander
1 EL Tamari (japanische Sojasoße)
Meersalz
———————

Korianderblättchen und Sauerrahm zum Garnieren

Das Sonnenblumenöl in einem Suppentopf erhitzen und darin die Zwiebel, den Knoblauch, den Ingwer, die Karotte und die Chilischote mit einer Prise Meersalz andünsten. Die Kurkuma, den Koriandersamen, den Reis und das Wasser hinzufügen. Aufkochen lassen, die Temperatur reduzieren und den Reis garen. Dann die Tomaten dazugeben. Die Suppe bis knapp unter den Siedepunkt erhitzen und dann die Herdplatte ausschalten. Die Korianderblätter unterrühren und die Suppe mit einem Stabmixer fein pürieren. Mit Tamari und Meersalz abschmecken. Die Suppe mit Korianderblättchen und Sauerrahm servieren.

TOSKANISCHE TOMATENSUPPE MIT PESTO

FÜR VIER PERSONEN

100 ml Olivenöl
1 mittelgroße Zwiebel, grob gewürfelt
½ Karotte in 1 cm breiten Scheiben
½ Stange Lauch in dünnen halben Ringen
1 Stange Staudensellerie in 0,5 cm breiten
* Stücken*
2 Knoblauchzehen, grob gehackt
¼ TL schwarzer Pfeffer
8 Stängel Thymian, nur die Blättchen
3 Dosen geschälte Tomaten
200 ml Wasser
8 Stängel Oregano, nur die Blättchen
25 Basilikumblätter
5 Stängel glatte Petersilie, nur die Blättchen
frisch gemahlener schwarzer Pfeffer und Meer-
* salz*

———————

Parmesankäse zum Bestreuen, Basilikumpesto
(siehe Seite 128) zum Garnieren

Das Olivenöl in einem Suppentopf erhitzen und darin die Zwiebel, die Karotte, den Lauch, den Staudensellerie und den Knoblauch mit schwarzem Pfeffer und Thymian andünsten. Die geschälten Tomaten, das Wasser und eine Prise Meersalz hinzufügen. Die Suppe bis knapp unter den Siedepunkt erhitzen und dann die Herdplatte ausschalten. Frische Kräuter und das restliche Olivenöl unterrühren. Die Suppe mit dem Stabmixer fein pürieren. Mit frisch gemahlenem Pfeffer und Meersalz abschmecken. Die Suppe mit Parmesankäse und Pesto servieren.

GERÖSTETE TOMATENSUPPE

FÜR VIER PERSONEN

60 ml kalt gepresstes Olivenöl
1 kg reife Strauchtomaten, halbiert
1 weiße Zwiebel in halben Ringen
2 Knoblauchzehen, in der Schale zerdrückt
4 Stängel Thymian
2 EL weißer Balsamicoessig
1 TL Meersalz
250 ml Wasser
20 Basilikumblätter
⅛ TL schwarzer Pfeffer

Croutons (siehe Seite 134) zum Garnieren

Den Backofengrill vorheizen. In einer Schüssel das Olivenöl mit den Tomaten, der Zwiebel, dem Knoblauch, dem Thymian, dem Balsamicoessig und dem Meersalz mischen. Alles in eine Auflaufform geben und unter den Grill stellen, bis sich die Schalen der Tomaten dunkelbraun verfärben. Die Tomaten häuten und den Knoblauch aus seiner Schale lösen. Die Zutaten mit dem Wasser, den Basilikumblättern und dem schwarzen Pfeffer mit dem Stabmixer zu einer glatten Suppe pürieren. Mit schwarzem Pfeffer und Meersalz abschmecken. Die Suppe mit Croutons servieren.

ERDBEERGAZPACHO

FÜR VIER PERSONEN

500 g frische Erdbeeren, entstielt und halbiert
500 g Strauchtomaten, entstielt, gehäutet und
gewürfelt
1 rote Paprikaschote, von den Scheidewänden
befreit und gewürfelt
200 ml Wasser
⅓ kleine rote Zwiebel, grob gewürfelt
50 ml Olivenöl
15 ml weißer Balsamicoessig
Saft von ¼ Limone
¼ Bund Basilikum, nur die Blätter
¼ TL schwarzer Pfeffer
frisches Basilikum

———————

frisch gemahlener schwarzer Pfeffer und Meer-
salz

Die Erdbeeren entstielen und halbieren. Die Stielansätze der Tomaten entfernen. Die Strauchtomaten auf der Unterseite kreuzweise einschneiden und kurz in kochendes Wasser tauchen. Die Tomaten häuten und in Würfel schneiden. Die Scheidewände und die Samen der Paprikaschoten entfernen, dann die Schote würfeln.

Alles mit den restlichen Zutaten mischen und mit dem Stabmixer zu einer glatten Suppe pürieren. Mit schwarzem Pfeffer und Meersalz abschmecken und vielleicht noch einen Spritzer Limonensaft hinzugeben.

GEMÜSE

Eine Gemüsesuppe ist eine Bauern-
suppe. Sie ist wahrscheinlich die
Mutter aller Suppen. *What you see is
what you get*. Wir verwenden keine
Gemüsebrühe. Denn die Kunst einer
vegetarischen Suppe besteht darin,
den Geschmack des Gemüses für
sich sprechen zu lassen.

GEMÜSESUPPE MIT PISTOU

FÜR VIER PERSONEN

50 ml Olivenöl
1 mittelgroße Zwiebel, fein geschnitten
½ Karotte, gewürfelt
½ kleine Knollensellerie, geschält und gewür-
* felt*
2 Stangen Staudensellerie in 0,5 cm breiten
* Stücken*
½ Fenchelknolle, geputzt und gewürfelt
2 Strauchtomaten, entkernt und gewürfelt
1 l Wasser
8 Stängel Thymian
4 Stängel Rosmarin, mit dem Thymian zusam-
* mengebunden*
130 g breite Bohnen
frisch gemahlener schwarzer Pfeffer und Meer-
* salz*
————————

Pistou (siehe Seite 132)

Olivenöl in einem Suppentopf erhitzen und darin die Zwiebel, die Karotte, den Knollensellerie, den Staudensellerie und den Fenchel mit einer Prise Meersalz andünsten. Dann die Tomaten und das Wasser, den Thymian und den Rosmarin hinzufügen und langsam zum Kochen bringen. Die Temperatur reduzieren und das Gemüse gar kochen. Die Bohnen hinzufügen, 2 Minuten mitkochen und dann die Herdplatte ausschalten. Mit schwarzem Pfeffer und Meersalz abschmecken. Die Suppe mit Pistou servieren.

MINESTRONE

Minestrone ist eigentlich eine Art Philosophie: eine Mischung aus Gemüse der Saison in einer Brühe, der Bohnen, Pasta oder Reis eine gewisse Substanz verleihen.

FÜR VIER PERSONEN

*150 g getrocknete Kichererbsen, über Nacht in
   reichlich Wasser eingeweicht*
50 ml Olivenöl
1 mittelgroße Zwiebel, fein geschnitten
1 Knoblauchzehe, fein gehackt
½ Karotte, gewürfelt
*2 Stangen Staudensellerie in 0,5 cm breiten
   Stückchen*
½ Fenchelknolle, geputzt und gewürfelt
2 Strauchtomaten, gewürfelt
600 ml Wasser
7 Stängel Thymian
6 Stängel Rosmarin
*45 g geriebener Parmesan oder alte Parmesan-
   rinde*
*frisch gemahlener schwarzer Pfeffer und Meer-
   salz*

———————

Parmesan und Petersilie zum Garnieren

Die eingeweichten Kichererbsen in einem Sieb waschen. Anschließend die Kichererbsen mit reichlich Wasser und einem ½ Teelöffel Meersalz in einen Topf geben und bei starker Hitze zum Kochen bringen. Sich eventuell bildenden Schaum von der Oberfläche abschöpfen. Die Kichererbsen etwa 90 Minuten kochen, bis sie weich und gar sind. Das Wasser abgießen.

Das Olivenöl in einem Suppentopf erhitzen und darin die Zwiebel, den Knoblauch, die Karotte, den Staudensellerie und den Fenchel mit einer Prise Meersalz anschwitzen. Dann die Tomaten, Wasser, Thymian und Rosmarin, Parmesan oder die Käserinde sowie die Kichererbsen hinzugeben und bei geringer Hitze kochen. Die Suppe köcheln lassen, bis die Karotte gar ist. Mit schwarzem Pfeffer und Meersalz abschmecken und mit Parmesan und Petersilie servieren.

VEGETARISCHER BORSCHTSCH

Der Borschtsch stammt ursprünglich aus der Ukraine, ist aber auch in Russland und anderen osteuropäischen Ländern populär. Er erfordert ein wenig Vorbereitung, ist gehaltvoll und wird manchmal vegetarisch, meist aber mit einer Fleischbrühe zubereitet. Rote Bete ist vielfach die wichtigste Zutat, doch es gibt auch Varianten, in denen sie nicht vorkommt. Selbst darüber, ob die Suppe warm oder kalt gegessen werden soll, ist man sich nicht einig. Unsere Suppe, die auf einem russischen Rezept basiert, ist vegetarisch (und mindestens ebenso herzhaft und wohlschmeckend wie die Fleischvariante), enthält Rote Bete und wird warm gegessen.

FÜR VIER PERSONEN

50 ml Sonnenblumenöl
1 kleine Zwiebel, fein geschnitten
1 Knoblauchzehe, fein gehackt
½ rote Chilischote, fein gehackt
⅓ Schale einer unbehandelten Zitrone, fein
* geschnitten*
1 große Kartoffel (Agria), geschält und gewürfelt
4 große Rote Bete, geschält und gewürfelt
2 Lorbeerblätter
6 Wacholderbeeren
1 Strauchtomate, gewürfelt
⅙ kleiner Weißkohl, in dünne Streifen geschnitten
10 Stängel Thymian, nur die Blättchen
750 ml Wasser
1 grüne Paprikaschote, geröstet und gewürfelt
* (siehe Seite 33)*
4 Stängel glatte Petersilie, fein gehackt
4 Stängel Dill, fein gehackt
Saft von ¼ Zitrone
Frisch gemahlener Pfeffer und Meersalz

Sauerrahm und Dill zum Garnieren

Das Sonnenblumenöl in einem Suppentopf erhitzen und darin die Zwiebel, den Knoblauch, die Chilischote und die Zitronenschale mit einer Prise Meersalz andünsten. Die Kartoffeln, die Rote Bete, die Lorbeerblätter, die Wacholderbeeren, die Tomate, den Weißkohl, Thymian und Wasser hinzugeben. Alles etwa 30 Minuten kochen, bis die Kartoffeln zu zerfallen beginnen. Die Herdplatte ausschalten. Zum Schluss die Paprikaschote, die Petersilie, den Dill und fast den ganzen Zitronensaft zur Suppe hinzufügen. Mit schwarzem Pfeffer, Meersalz und noch ein wenig Zitronensaft abschmecken. Die Suppe mit Sauerrahm und Dill servieren.

HINDUSTANISCHE GEMÜSESUPPE MIT MASALA

Der Begriff Masala bezeichnet allgemein eine indische Gewürzmischung. Für alle Varianten des Masalas gilt: Jede indische Familie hat dafür ihr eigenes Rezept. Eine der bekanntesten Mischungen ist das Garam Masala, dessen Name „wärmende Mischung" bedeutet. Für diese Suppe haben wir das Masala natürlich nach unserem eigenen Geschmack zusammengestellt.

FÜR VIER PERSONEN

Garam Masala:
15 schwarze Pfefferkörner
½ TL Schwarzkümmelsamen
½ TL Nelken
15 Kardamomsamen, geschält
1 g Zimt

50 ml Sonnenblumenöl
1 mittelgroße Zwiebel, fein geschnitten
2 Knoblauchzehen, fein gehackt
3 Strauchtomaten, gewürfelt
2 Lorbeerblätter
1,25 l Wasser
½ kleiner Hokkaidokürbis, entkernt und ge-
*   würfelt*
100 g Okra in 0,5 cm breiten Scheiben
¼ kleiner Spitzkohl in 1 cm breiten Streifen
50 g Freilandspinat, gut gewaschen und grob
*   geschnitten*
50 g cremige Kokosmilch
1 kleiner Bund Blattsellerie, fein gehackt
Saft von ½ Zitrone
Meersalz
_____

Sojasprossen und fein gehackte Koriander-
blättchen zum Garnieren

Alle Gewürze für das Garam Masala in einer trockenen Pfanne anrösten, bis sie ihren Duft entfalten, und sie anschließend in einem Mörser fein zerreiben.

Das Sonnenblumenöl in einem Suppentopf erhitzen und darin die Zwiebel, den Knoblauch und das Garam Masala andünsten, bis die Zwiebeln glasig sind. Anschließend 1 Teelöffel Meersalz, die Tomaten und die Lorbeerblätter hinzufügen und kurz mitdünsten. Wasser und Kürbis zugeben. Alles köcheln lassen, bis der Kürbis gar ist. Dann die Okra unterheben und die Herdplatte ausschalten. Den Spitzkohl und den Spinat untermischen. Zuletzt die Kokosmilch und den Sellerie unterrühren. Mit Limonensaft und Meersalz abschmecken. Mit Sojasprossen und Korianderblättchen servieren.

CALDO VERDE AUS KARTOFFELN UND KOHL MIT CHORIZO

Caldo verde ist eine portugiesische Suppe, die hauptsächlich aus Kartoffeln und Kohl besteht. Dass es sich dabei um einen grünen Kohl handeln muss, steht außer Frage. In den meisten Rezepten wird Grünkohl verwendet, aber auch Wirsing oder die Blätter von Kohlrüben eignen sich für diese Suppe.

FÜR VIER PERSONEN

50 ml Olivenöl
75 g Speckwürfelchen
1 mittelgroße Zwiebel, fein geschnitten
½ rote Chilischote, fein gehackt
2 Knoblauchzehen, fein gehackt
750 g Kartoffeln (Agria), geschält und gewürfelt
ca. 1,5 l Wasser
⅙ Wirsing in Streifen
200 g Chorizo, gewürfelt
Meersalz

———————

in Ringe geschnittene Frühlingszwiebeln zum Garnieren

Olivenöl in einem Suppentopf erhitzen und darin die Speckwürfelchen, die Zwiebel, die Chilischote und den Knoblauch mit einer Prise Meersalz andünsten. Die Kartoffeln hinzugeben und Wasser zugießen, bis sie knapp bedeckt sind. Die Suppe aufkochen lassen und dann die Temperatur reduzieren. Nach 10 Minuten den Kohl hinzufügen. Die Chorizo unterrühren, wenn die Kartoffeln zu zerfallen beginnen. Die Herdplatte ausschalten. Die Suppe mit Meersalz abschmecken. Lassen Sie sie 15 Minuten ruhen, bevor Sie sie servieren. Garnieren Sie die Suppe mit Frühlingszwiebeln und servieren Sie sie warm.

MANIOKSUPPE MIT KOKOS UND GAMBAS

Maniok ist ein Wurzelgemüse mit einer braunen Schale, das in der südamerikanischen und afrikanischen Küche häufig verwendet wird. Im Kern der Maniokwurzel sitzt eine Art hölzerner Strang, den man herausschneiden muss. Da Maniok ziemlich hart ist, erledigen unsere Köche diese Arbeit am liebsten zu zweit.

FÜR VIER PERSONEN

50 ml Sonnenblumenöl
1 Stange Lauch in dünnen halben Ringen
1 mittelgroße Zwiebel, fein geschnitten
½ kleine Adjuma-Chilischote, fein gehackt
2 Knoblauchzehen, fein gehackt
10 Pimentkörner, zerstoßen
2 Strauchtomaten, gewürfelt
850 g Maniok, geschält (mit einem Gemüseschäler)
100 ml trockener Weißwein
2 Lorbeerblätter
1 l Wasser
200 g geschälte Gambas, an der dicken Seite eingeschnitten
½ Büschel (10 g) Blattsellerie, fein geschnitten
125 ml Kokosmilch
Saft von ½ Limone
Meersalz

———

Frühlingszwiebel in dünnen Ringen zum Garnieren

Das Sonnenblumenöl in einem Suppentopf erhitzen und darin die Hälfte des Lauchs, die Zwiebel, die Adjuma-Chilischote, den Knoblauch und den Piment andünsten. Sobald die Zwiebel glasig ist, die Tomaten hinzugeben. Alles gut vermischen und die Tomaten kurz mit andünsten.

Den Maniok vierteln, den hölzernen Strang entfernen und den Maniok in 0,5 Zentimeter große Würfel zerteilen. Diese mit in den Topf geben. Den Weißwein und die Lorbeerblätter hinzufügen. Schließlich Wasser hinzugießen, bis der Maniok knapp bedeckt ist. Die Suppe köcheln lassen, bis der Maniok gar ist. Dann den restlichen Lauch und die Gambas unterrühren.

Die Suppe erneut aufkochen lassen, dann die Herdplatte ausschalten. Den Blattsellerie, die Kokosmilch und den Limonensaft unterrühren. Die Suppe kurz durchziehen lassen und mit Limonensaft und Meersalz abschmecken. Die Suppe mit Frühlingszwiebelringen servieren.

GEHALTVOLLE ITALIENISCHE GEMÜSESUPPE

FÜR VIER PERSONEN

1 kleine Zwiebel, fein geschnitten
½ Karotte, gewürfelt
½ Stange Lauch in dünnen halben Ringen
1 Stange Staudensellerie in 0,5 cm breiten
  Scheiben
2 kleine Knoblauchzehen, fein gehackt
2 Dosen geschälte Tomaten (zu je 400 g)
8 Stängel Thymian
½ kleine Knolle Sellerie, geschält und gewür-
  felt
150 l Wasser
100 g breite Bohnen, in 2 cm lange Stücke
  geschnitten
25 Basilikumblätter, fein geschnitten
10 Stängel glatte Petersilie, fein geschnitten
5 Stängel Oregano, nur die Blättchen, fein
  geschnitten
50 g geriebener Parmesan
frisch gemahlener schwarzer Pfeffer und Meer-
  salz

———————

Parmesan und Frühlingszwiebeln in dünnen
Ringen zum Garnieren

Das Olivenöl in einem Suppentopf erhitzen und darin die Zwiebel, die Karotte, den Lauch, den Staudensellerie und den Knoblauch mit einer Prise Meersalz andünsten. Die Tomaten, den Thymian, den Knollensellerie und das Wasser hinzufügen. Die Suppe aufkochen und die Temperatur anschließend reduzieren. Das Ganze köcheln lassen, bis der Knollensellerie fast gar ist. Die Bohnen hinzufügen und gar kochen. Die Herdplatte ausschalten. Zum Schluss das Basilikum, die Petersilie und den Oregano unterrühren. Mit schwarzem Pfeffer und Meersalz abschmecken. Die Suppe mit Parmesan und Frühlingszwiebelringen servieren.

PILZSUPPE

Um sie länger aufbewahren zu können, werden Pilze getrocknet. Vor allem wild wachsende Sorten sind Saisonprodukte, die nur kurze Zeit haltbar sind. Außerdem intensiviert das Trocknen den Geschmack der Pilze. Als frische Zutat verwenden wir Champignons, doch Sie können je nach Saison natürlich auch mit anderen Sorten experimentieren.

FÜR VIER PERSONEN

30 g getrocknete Waldpilze, grob in Stücke
  geschnitten
50 g Butter
1 kleine Zwiebel, fein geschnitten
½ Karotte, gewürfelt
2 Knoblauchzehen, fein gehackt
1 TL Meersalz
50 ml trockener Sherry
50 ml Marsala
2 Lorbeerblätter
15 Stängel Thymian, nur die abgezupften
  Blättchen
500 g braune Champignons, geviertelt
250 g weiße Champignons, geviertelt
200 ml Sahne
15 Stängel Oregano, nur die Blättchen, fein
  geschnitten
40 ml japanische Sojasoße oder Tamari
frisch gemahlener schwarzer Pfeffer

———————

glatte Petersilie zum Garnieren

Die getrockneten Waldpilze 20 Minuten in 1,25 Liter heißem Wasser einweichen. Die Hälfte der Butter in einem Suppentopf erhitzen und darin die Zwiebel, die Karotte und den Knoblauch mit etwas Meersalz andünsten. Mit Sherry und Marsala ablöschen. Das Ganze 5 Minuten aufkochen. Die Lorbeerblätter und den Thymian sowie die Waldpilze und das Einweichwasser hinzugeben. Die Temperatur reduzieren und die Suppe köcheln lassen.

Inzwischen in einer Pfanne die braunen und weißen Champignons in der restlichen Butter anbraten. Beide mit der Sahne zur Suppe geben, diese zum Kochen bringen und 10 Minuten köcheln lassen. Die Herdplatte ausschalten und den Oregano unterrühren. Mit Sojasoße (oder Tamari) und schwarzem Pfeffer abschmecken. Mit glatter Petersilie servieren.

SHIITAKESUPPE MIT TOFU UND KORIANDER

FÜR VIER PERSONEN

1,5 l Wasser
20 g getrocknete Shiitakepilze
50 g Ingwer, geschält und in Scheiben geschnitten
20 ml Sesamöl
1 große Knoblauchzehe, fein gehackt
¾ grüne Chilischote, fein gehackt
Stiele eines Bunds Koriander, gewaschen und fein geschnitten
3 Frühlingszwiebeln, fein geschnitten
2 Stangen Staudensellerie in 0,5 cm breiten Scheiben
150 g Tofu, gewürfelt
1 EL Tamari (japanische Sojasoße) + zusätzliche Soße je nach Geschmack
Meersalz

———————

Korianderblättchen zum Garnieren, Sesamöl zum Beträufeln

Das Wasser in einem großen Topf zum Kochen bringen. Die Shiitakepilze, den Ingwer und 1 Teelöffel Salz hinzufügen. Die Brühe 20 Minuten sanft köcheln lassen.

Inzwischen das Sesamöl in einem anderen Suppentopf erhitzen und den Knoblauch, die Chilischote, die Korianderstiele, die Frühlingszwiebeln und den Staudensellerie andünsten. Die Shiitakebrühe durch ein Sieb zum Gemüse gießen. Die Shiitakepilze in Streifen schneiden und der Suppe hinzufügen. Den Tofu und die Tamari unterrühren. Mit Tamari und Meersalz abschmecken. Die Suppe mit Korianderblättern und einigen Tropfen Sesamöl servieren.

THAILÄNDISCHE CHAMPIGNONSUPPE MIT KOKOS

FÜR VIER PERSONEN

750 ml Wasser
2 Stängel Zitronengras, der Länge nach einge-
    schnitten
18 Limonenblätter
5 cm Galgantwurzel in 1 cm breiten Scheiben
½ rote Chilischote, grob gehackt
500 ml Kokosmilch
200 g Champignons in Scheiben
Saft von ½ Limone
Meersalz

———————

Tomatenachtel, Korianderblättchen und Früh-
lingszwiebelringe zum Garnieren

Das Wasser mit dem Zitronengras und den Limonenblättern, der Galgantwurzel und der Chilischote zum Kochen bringen. Die Temperatur reduzieren und alles 15 Minuten köcheln lassen. Die Flüssigkeit durch ein Sieb in einen anderen Topf gießen. Die Kokosmilch hinzufügen und die Mischung aufkochen. Die Champignons hinzugeben und 2 Minuten mitkochen. Mit Limonensaft und Meersalz abschmecken. Die Suppe mit Tomatenachteln, Korianderblättchen und Frühlingszwiebelringen servieren.

SENFSUPPE MIT PAPRIKA UND LAUCH

FÜR VIER PERSONEN

50 ml Olivenöl
1 Karotte in 1 cm breiten Scheiben
1 mittelgroße Zwiebel, grob geschnitten
½ rote Chilischote, fein gehackt
1 Knoblauchzehe, grob gehackt
250 ml Sahne
90 g Dijonsenf (5 EL)
1 l Wasser
1 rote Paprikaschote, geröstet und gewürfelt
  (siehe Seite 33)
¼ Spitzkohl in 0,5 cm breiten Streifen
1 Stange Lauch in dünnen halben Ringen
Frisch gemahlener Pfeffer und Meersalz

Frühlingszwiebeln in dünnen Streifen oder
Ringen zum Garnieren

Das Olivenöl in einem Suppentopf erhitzen und darin die Karotte, die Zwiebel, die Chilischote und den Knoblauch dünsten, bis die Karottenscheibchen weich sind. Dann die Sahne, den Senf und das Wasser hinzufügen. Das Ganze zum Kochen bringen. Die Herdplatte ausschalten und die Suppe mit dem Stabmixer glatt und cremig pürieren. Die geröstete Paprika, den Spitzkohl und den Lauch unterrühren. Die heiße Suppe eine Weile stehen lassen, damit der Kohl und der Lauch etwas garen können. Mit schwarzem Pfeffer und Meersalz abschmecken. Die Suppe mit Frühlingszwiebeln in Ringen oder Streifen servieren.

GAZPACHO

Ohne Dosen, ohne Herd: Dieser Gazpacho wird nur aus frischen, rohen Zutaten zubereitet. Zwei Dinge sind wichtig: wirklich gute Tomaten und ein vorsichtiger Umgang mit der Zwiebel. Denn wenn Sie die Suppe einen Tag stehen lassen, kann die Zwiebel sie verderben.

FÜR DREI PERSONEN

50 ml Olivenöl
6 Strauchtomaten, klein gewürfelt
½ kleine weiße Zwiebel, fein geschnitten
1 Knoblauchzehe, fein gehackt
¾ Gurke, geschält und klein gewürfelt
¾ rote Paprikaschote, klein gewürfelt
1 grüne Chilischote, fein gehackt
80 ml Eiswasser
2 TL Weißweinessig
1 TL Meersalz

———————

Petersilie zum Garnieren

Alle Zutaten in einer großen Schüssel mischen. Geben Sie den unterschiedlichen Geschmäckern 20 Minuten Zeit, sich zu verbinden.

Den Gazpacho sofort servieren.

SALAD

STEL JE EIGEN SALADE SAMEN
COMBINE YOUR OWN SALAD   100 GRAM 2,40

WILDE TOMATENSALADE   `VEGAN`
WILD TOMATO SALAD

LINZEN MET GEROOSTERDE POMPOEN, MOZZARELLA EN BALSAMICO `VEGETARIAN`
LENTILS WITH ROASTED PUMPKIN, MOZZARELLA AND BALSAMIC VINEGAR

TABOULÉ MET VERSE KRUIDEN   `VEGAN`
TABBOULEH WITH FRESH HERBS

QUINOA MET RODE RIJST EN ABRIKOZEN   `VEGAN`
QUINOA WITH RED RICE AND APRICOTS

DRINKS

TEA	1,50
ESPRESSO	1,75
LUNGO / LATTE	2,00
DOPPIO	2,00
JUICE: APPLE / CARROT	2,00
WATER: FLAT / SPARKLING	2,00
CAN: GINGER / ELDERFLOWER	2,10
BIONADE: LYCHEE / ELDERBERRY	2,50
FRITZ COLA	2,50
CLUB MATE	2,50

HERE FOR SALE! SOUP EN BEATS Ten of our soup recipes combined with especially composed electronic music.

MORE

KAASSTENGEL CHEESESTRAW	1,10
HUISGEMAAKTE CAKE HOME MADE CAKE	3,00
RAW CHOCOLADE REEP RAW CHOCOLATE BAR	2,50
EXTRA BROODJE EXTRA ROLL	0,40

SOUP

TOSCAANSE TOMATENSOEP MET PESTO   `VEGAN`
TUSCANY TOMATO SOUP WITH PESTO

MAROKKAANSE KIKKERERWTENSOEP MET HARISSA `VEGAN`
MAROCCAN CHICKPEA SOUP WITH HARISSA

HINDOESTAANSE GROENTENSOEP MET MASALA `VEGAN`
INDIAN CURRY SOUP WITH VEGETABLES

COLOMBIAANSE MAISSOEP MET AVOCADO   `VEGETARIAN`
COLOMBIAN CORN SOUP WITH AVOCADO

BIRMAANSE KERRIESOEP MET KIP EN MANGO `MEAT`
BURMESE CURRY SOUP WITH CHICKEN AND MANGO

HOLLANDSE KIPPENSOEP   `MEAT`
DUTCH CHICKEN SOUP

PRICES

	SMALL	MEDIUM	LARGE	X-LARGE
VEGETARIAN / VEGAN	4,10	5,40	6,75	12,20
MEAT / FISH	4,30	5,80	7,25	13,25

ÜBER GESCHMACK

Mit diesem Buch betreten Sie die Küche von *Natürlich Suppe*. Oh, hallo neuer Küchenchef! Die Rezepte sind dieselben, mit denen auch unsere Köche arbeiten. Sie sind nicht kompliziert, aber geschmacksintensiv. Die Suppen von *Natürlich Suppe* haben einen ausgeprägten Geschmack: einfach, aber nuancenreich. Eine gelungene Suppe ist wie ein klares Fenster. Alle Zutaten lassen sich darin mit den Augen, der Zunge und den Geschmackspapillen wahrnehmen. Gemüse, Kräuter, Gewürze, Milchprodukte, Fette sowie Süßes oder Saures verstärken sich gegenseitig. Eine Suppe ist mehr als die Summe ihrer Zutaten. Aber eine Suppe kann nie besser sein als die Zutaten, die für sie verwendet werden.

Das Erste, was wir allen unseren neuen Köchen vermitteln, ist: Wir versuchen, aus etwas Gewöhnlichem etwas Ausgezeichnetes zu machen. Und das gelingt nur mit frischen, möglichst biologischen Produkten. Mit saisonalen Erzeugnissen aus der Region. Als Beigabe zur Suppenbasis verwenden wir gern ein Zitruselement wie Kardamom, Zitronengras oder Zitronenblätter. Um die Suppen abzuschmecken, nehmen wir hingegen Limonen- oder Zitronensaft. Manchmal wandern ganze Bunde Minze oder Petersilie in die Suppe. Und nicht zu vergessen: die richtige Menge Fett! Die Qualität von Butter und Öl als Geschmacksträger ist nicht zu unterschätzen. In unseren Imbissen beschränken wir

Wir versuchen, aus etwas Gewöhnlichem etwas Ausgezeichnetes zu machen. Und das gelingt nur mit frischen, möglichst biologischen Produkten.

uns auf drei Fette: kalt gepresstes Olivenöl vom Bauern, biologisches Sonnenblumenöl und biologische Butter. Einer fettlosen Suppe fehlt es an Tiefe, doch zu viel Fett registriert die Zunge sofort.

Nicht nur die Zutaten, sondern auch die Farben und die Textur tragen zum Geschmack bei. Die Kunst besteht darin, die Farben zu erhalten. Kocht man Brokkoli in Wasserdampf, gibt es einen Moment, in dem die Farbe wirklich leuchtet, dieses Aufleuchten der Farbe gilt es zu erkennen und festzuhalten. Als Koch am heimischen Herd hat man den Vorteil, dass man die Suppe gleich essen kann, wenn sie fertig ist. Eine Bohnensuppe kann man ruhig über Nacht stehen lassen, doch Kohlsuppen werden schnell schwefelig, wenn sie eine Weile stehen.

Übrigens müssen Suppen nicht stundenlang auf dem Herd stehen, um einen reichen Geschmack zu entfalten. Es gibt andere, schnellere Möglichkeiten, einer Suppe Tiefgang zu verleihen. In einer Minestrone eine alte Parmesanrinde mitzukochen sorgt für reines Umami (japanisch für: „Wohlgeschmack" oder „Herzhaftigkeit").

Mit Geschmacksrichtungen wie süß, sauer, bitter, salzig, umami und scharf gehen wir bedacht um. Einige dieser Aromen setzen wir beim Kochen selbst ein; Salz, Säure und Schärfe lassen sich auch im Nachhinein noch variieren. Tiefgang lässt sich bei einer Suppe auf unterschiedliche Weise erreichen.

Süß	Agave, geröstete Paprika, Fenchel macht sie besonders reich und süß
Sauer	Balsamico, Wein, Zitrone, Limone
Salzig	Salz, Tamari
Bitter	Staudensellerie
Umami	Zwiebel, Tomate, Parmesan, Soja
Scharf	Pfeffer, Chili, Cayennepfeffer
Tief	getrocknete Pilze
Reich	frische Tomaten oder Kräuter im Mixer zerkleinert
Weniger scharf	Zitrone, Petersilie, Joghurt/Milchprodukte
Weniger salzig	Kartoffeln, Petersilie
Weniger sauer	Reis

Wir verwenden einfache Toppings wie Frühlingszwiebeln, Koriander, Nüsse und Körner, oft aber auch geriebenen Parmesan, Crème fraîche, Dill, Cashewnüsse und Pesto.

HÜLSEN-
FRÜCHTE

A meal in one. Eine Suppe aus Hülsenfrüchten ist ein kleiner Eintopf, der als einfache Mahlzeit dienen kann.

————

VEGETARISCHE SNERT

„Snert is my favourite word in Dutch", sagte einer unserer amerikanischen Kunden zu seinen Freunden, wobei er das „e" wie ein „ü" aussprach. Wir sind stolz auf diese vegetarische Variante der traditionellen niederländischen Erbsensuppe. Deshalb hier für alle Vegetarier ein schnelles und einfaches Rezept, bei dem in Butter angerösteter Knollensellerie für den typischen Snert-Geschmack sorgt. Die surinamische gelbe Pesi, die oft als eine Art vegetarische Erbsensuppe beschrieben wird, hat damit Konkurrenz bekommen.

FÜR VIER PERSONEN

350 g grüne Schälerbsen, gewaschen (bis das Waschwasser weitgehend klar ist)
1,5 l Wasser
2 Lorbeerblätter
50 g Butter
1 große Zwiebel, fein geschnitten
¾ Karotte, gewürfelt
½ Stange Lauch in dünnen halben Ringen
1 Knoblauchzehe, fein gehackt
½ Bund Blattsellerie, fein geschnitten
Saft von ¼ Zitrone

---

frisch gemahlener schwarzer Pfeffer und Meersalz

Die Schälerbsen mit dem Wasser und ½ Teelöffel Meersalz zum Kochen bringen. Den Schaum von der Oberfläche abschöpfen. Wenn sich kein Schaum mehr bildet, die Lorberblätter hinzugeben. Die Schälerbsen bei geringer Hitze ungefähr 45 Minuten garen. Danach die Erbsen abgießen und die Kochflüssigkeit aufbewahren.

Die Butter in einem Suppentopf erhitzen und darin die Zwiebel, die Karotte, den Lauch, den Knollensellerie und den Knoblauch mit einer Prise Meersalz andünsten. Die Schälerbsen mit der Kochflüssigkeit und den Lorbeerblättern hinzugeben. Wenn die Suppe zu dick wird, etwas Wasser hinzugießen. Bei mittlerer Hitze zum Kochen bringen, dabei regelmäßig umrühren. Sobald die Schälerbsen zu zerfallen beginnen, die Temperatur reduzieren. Den Blattsellerie unterrühren und die Suppe mit Zitronensaft, schwarzem Pfeffer und Meersalz abschmecken.

HARIRA – NORDAFRIKANISCHE SCHÄLERBSENSUPPE MIT MINZE

Harira ist vielleicht die marokkanische Nationalsuppe. Die Küche von *Natürlich Suppe* kennt viele nordafrikanische Einflüsse, daher darf diese Suppe hier nicht fehlen. Traditionellerweise wird Harira mit Kichererbsen und Linsen gekocht, für unsere Version verwenden wir jedoch Schälerbsen.

FÜR VIER PERSONEN

350 g grüne Schälerbsen, gewaschen
1,6 l Wasser
2 Lorbeerblätter
50 ml Olivenöl
1 mittelgroße Zwiebel, fein geschnitten
½ Karotte, gewürfelt
2 Knoblauchzehen, fein gehackt
2 TL Kreuzkümmel
1 TL Koriandersamen, gemahlen
½ TL Cayennepfeffer
3 Strauchtomaten
40 g Tomatenmark
1 Paprikaschote, geröstet und gewürfelt (siehe Seite 33)
10 Stängel Minze, die Blätter fein gehackt
15 Stängel glatte Petersilie, fein gehackt
Saft von ½ Zitrone
Meersalz

Korianderblättchen zum Garnieren

Die Schälerbsen mit dem Wasser und ½ Teelöffel Meersalz zum Kochen bringen. Den Schaum von der Oberfläche abschöpfen und die Lorbeerblätter hinzugeben. Die Schälerbsen etwa 45 Minuten bei geringer Hitze garen. Dann abgießen und die Kochflüssigkeit auffangen.

Das Olivenöl in einem Suppentopf erhitzen und darin die Zwiebel, die Karotte und den Knoblauch mit einer Prise Meersalz 10 Minuten dünsten. Den Kreuzkümmel, die gemahlenen Koriandersamen und den Cayennepfeffer unterrühren und eine Minute mitdünsten.

Die Strauchtomaten an der Unterseite kreuzweise einschneiden und kurz in kochendes Wasser tauchen, die Haut abziehen und die Tomaten in Würfel schneiden. Die Tomatenwürfel mit dem Tomatenmark und den gekochten Schälerbsen in den Suppentopf geben. Mit der Kochflüssigkeit der Erbsen aufgießen, bis das Gemüse bedeckt ist. Wenn nötig, noch Wasser hinzufügen. Die Suppe sacht köcheln lassen. Am Ende der Kochzeit die geröstete Paprika und die frischen Kräuter hinzufügen. Die Suppe 20 Minuten ruhen lassen. Mit Limonensaft und Meersalz abschmecken und mit Korianderblättchen servieren.

SURINAMISCHE GELBE PESI

In den Niederlanden gibt es Snert, in der Karibikregion Pesi. Die Kombination aus Schälerbsen (die auf Surinamisch „Pesi" heißen) und Staudensellerie sorgt für die Ähnlichkeit beider Suppen. Gleichwohl ist der tropische Charakter von Pesi unverkennbar. Man kann diese Suppe daher auch an warmen Tagen essen. Besonders die Gewürze, allem voran der Piment, verleihen ihr einen tropischen Touch.

FÜR VIER PERSONEN

350 g gelbe Schälerbsen, gewaschen (bis das Waschwasser weitgehend klar ist)
1,5 l Wasser
2 Lorbeerblätter
½ Chipotle-Chilischote, nach Belieben
50 ml Sonnenblumenöl
1 große Zwiebel, fein geschnitten
1 Knoblauchzehe, fein gehackt
¾ Karotte, gewürfelt
½ Stange Lauch in dünnen halben Ringen
8 Pimentkörner, im Mörser zerstoßen
½ scharfe Chilischote (Adjuma- oder Madame-Jeanette-Chili), fein gehackt
300 g geschälte Tomaten aus der Dose, püriert
1 großer Bund Blattsellerie, fein gehackt
Saft von ½ Limone
Meersalz

Frühlingszwiebel in Ringen zum Garnieren

Die Schälerbsen mit dem Wasser und ½ Teelöffel Meersalz zum Kochen bringen. Den Schaum von der Oberfläche abschöpfen, die Lorbeerblätter und eventuell die Chipotle-Chilischote hinzufügen. Die Schälerbsen etwa 45 Minuten bei geringer Hitze garen. Dann die Schälerbsen abgießen und die Kochflüssigkeit auffangen.

Das Sonnenblumenöl in einem anderen Suppentopf erhitzen und darin die Zwiebel, den Knoblauch, die Karotte, den Lauch, den Piment und die Adjuma-Chilischote mit einer Prise Meersalz andünsten. Die Dosentomaten beigeben und alles 10 Minuten sanft köcheln lassen. Die Schälerbsen mit der Kochflüssigkeit hinzugeben. Wenn die Suppe zu dick wird, etwas Wasser zugießen. Sanft köcheln lassen, bis die Karotte weich ist. Anschließend die Herdplatte ausschalten. Zuletzt den Blattsellerie und den Limonensaft unterrühren und mit Meersalz abschmecken. Die Suppe mit Frühlingszwiebelringen servieren.

INDISCHER DAL

Wir fragten einmal einen indischen Kunden, was er von unserem Dal halte. *„Not bad"*, sagte er. Was für die Masala-Gewürzmischung gilt, gilt auch für Dal: Jeder Koch hat dafür sein eigenes Rezept. Bei den Köchen wie auch bei den Kunden gehört Dal zu den Lieblingssuppen und mit dieser indischen Anerkennung wagen wir es auch, Ihnen das Rezept vorzustellen.

FÜR VIER PERSONEN

40 ml Sonnenblumenöl
1 Zwiebel, fein geschnitten
4 cm Ingwerwurzel, geschält und fein geschnitten
⅓ rote Chilischote, fein gehackt
2 Knoblauchzehen, fein gehackt
15 Kardamomkapseln
2 Schnitze Limonenschale (mit einem Sparschäler abgeschält)
1 TL Koriandersamen, gemahlen
½ TL Kreuzkümmel
½ TL gelber Senfsamen
1½ TL Kurkuma
1,25 l Wasser
8 Limonenblätter
1 Stängel Zitronengras, der Länge nach eingeschnitten
300 g Mung-Linsen (Mung-Dal, die gelbe geschälte Sorte)
100 ml Kokosmilch
100 g grüne Erbsen
Saft von ½ Limone
Meersalz

———

fein geschnittene Korianderblättchen zum Garnieren

Das Sonnenblumenöl in einem Suppentopf erhitzen und darin die Zwiebel, die Ingwerwurzel, die Chilischote und den Knoblauch mit einer Prise Meersalz andünsten. Die Kardamomkapseln zerdrücken, die Kardamomsamen herausholen und fein mahlen. Wenn die Zwiebel glasig ist, die Limonenschalen, den Koriandersamen, den Kreuzkümmel, den Senfsamen, den gemahlenen Kardamomsamen und die Kurkuma in den Topf geben und kurz mit anrösten. Dann das Wasser, die Limonenblätter und das Zitronengras hinzufügen und alles zum Kochen bringen.

Die Mung-Linsen zugeben und die Suppe erneut aufkochen. Die Temperatur reduzieren und die Suppe köcheln lassen, bis die Linsen zerfallen. Anschließend die Kokosmilch und den größten Teil des Limonensafts zugießen. Die Herdplatte ausschalten. Die Suppe mit einem Stabmixer fein pürieren und die grünen Erbsen unterrühren. Mit Limonensaft und Meersalz abschmecken. Die Suppe mit Korianderblättchen servieren.

NORDAFRIKANISCHE LINSENSUPPE

FÜR VIER PERSONEN

50 ml Olivenöl
1 mittelgroße Zwiebel, fein geschnitten
½ Karotte, gewürfelt
2 Knoblauchzehen, fein gehackt
½ TL Cayennepfeffer
2 TL Paprikapulver
½ TL Kurkuma
1 TL Koriandersamen
80 g Tomatenmark
1,6 l Wasser
4 Limonenblätter
300 g rote Spaltlinsen
1 rote Paprikaschote, geröstet und gewürfelt
  (siehe Seite 33)
1 Bund Minze, nur die Blätter, fein gehackt
1 Bund glatte Petersilie, fein gehackt
Saft von ½ Zitrone
Meersalz

———————

Korianderblättchen und Petersilie zum
Garnieren

Das Olivenöl in einem Suppentopf erhitzen und darin die Zwiebel, die Karotte und den Knoblauch mit einer Prise Meersalz andünsten. Wenn die Zwiebel glasig ist, den Cayennepfeffer, das Paprikapulver, die Kurkuma, den Kreuzkümmel und den Koriandersamen hinzufügen und kurz mit anrösten. Das Tomatenmark zugeben. Alles kurz bei geschlossenem Deckel schmoren lassen. Dann das Wasser, die Limonenblätter und 1 Teelöffel Meersalz hinzufügen. Zum Kochen bringen und die Linsen einrühren. Die Suppe köcheln lassen, bis die Linsen zerfallen. Zum Schluss die geröstete Paprikaschote, die Minze und die Petersilie unterheben. Die Suppe durchrühren und die Herdplatte ausschalten. Mit Limonensaft und Meersalz abschmecken. Die Suppe mit Korianderblättchen und Petersilie servieren.

THAILÄNDISCHE GRÜNE CURRYPASTE

FÜR 150 ML

50 ml Sonnenblumenöl
½ Schalotte, grob geschnitten
1 Knoblauchzehe, grob gehackt
1 fingergroßes Stück Galgantwurzel, fein geschnitten
1 fingergroßes Stück Ingwerwurzel, fein geschnitten
2 grüne Chilischoten, grob geschnitten
10 Limonenblätter
1 Stängel Zitronengras, sehr fein geschnitten
½ TL Palmzucker
1 l L Kreuzkümmelsamen
1 TL Koriandersamen
2 Schnitze Limonenschale (mit einem Sparschäler abgeschält)

Alle Zutaten in einem Mixer oder einer
Küchenmaschine zu einer glatten Masse
zermahlen.

LINSENSUPPE MIT CURRY UND KOKOS

Linsen und thailändisches Curry, das ist eine verrückte Kombination. Denn in der thailändischen Küche wird nicht oder kaum mit Linsen gekocht. Doch Linsen sind wahnsinnig beliebt (wir verkaufen nicht selten innerhalb von zwei Stunden 20 Liter Linsensuppe), und das inspirierte uns zu dieser neuen Fusion-Suppe. Auch wenn man sich selbst nicht loben soll, so muss man doch sagen: Die französischen Linsen verbinden sich darin hervorragend mit der thailändischen Kokosmilch und der Galgantwurzel.

FÜR VIER PERSONEN

grüne Currypaste (siehe Seite 89)
1,75 l Wasser
300 g Puy-Linsen
½ Hokkaidokürbis, geschält und in 1 cm große
  Würfel geschnitten
125 ml cremige Kokosmilch
50 g grüne Erbsen
Saft von ½ Limone
Meersalz

Korianderblättchen zum Garnieren

Die Currypaste 5 Minuten anrösten. Das Wasser hinzugießen und 15 Minuten köcheln lassen. Die entstandene Brühe durch ein Sieb in einen anderen Topf gießen und zum Kochen bringen. Die Linsen dazugeben, die Suppe erneut zum Kochen bringen und die Linsen gar kochen. Den Kürbis untermischen und auch diesen gar kochen. Die cremige Kokosmilch, die grünen Erbsen und den Limonensaft beigeben. Mit Meersalz abschmecken. Die Suppe mit Korianderblättchen servieren.

LINSENSUPPE MIT RINDERHACK- FLEISCH UND PFLAUMEN

Wenn die Geschmacksnuancen dieser Suppe ausbalanciert sind, tanzen sie förmlich im Mund. Die süßen Pflaumen und der Kürbis, die Erdtöne der Linsen und der herzhafte Geschmack des Rinderhackfleischs bilden gemeinsam eine köstliche Harmonie.

FÜR VIER PERSONEN

50 ml Olivenöl
250 g Rinderhackfleisch
1 große Zwiebel, fein geschnitten
2 Knoblauchzehen, fein gehackt
200 ml Rotwein
100 ml Sherry
125 g getrocknete, entkernte Pflaumen, grob
  geschnitten
2 Lorbeerblätter
3 TL Thymian
⅛ TL schwarzer Pfeffer
3 EL Tomatenmark
1,5 l Wasser
250 g Puy-Linsen
½ kleiner Hokkaidokürbis, gewürfelt
frisch gemahlener schwarzer Pfeffer und Meer-
  salz

———

Basilikum zum Garnieren

Olivenöl in einem Suppentopf erhitzen, darin das Rinderhackfleisch mit einer Prise Meersalz anbraten und ein wenig bräunen. Die Zwiebel und den Knoblauch hinzufügen und mitbraten, bis sie glasig sind. Mit Rotwein und Sherry ablöschen. Die Pflaumen, die Lorbeerblätter, den Thymian, den schwarzen Pfeffer und das Tomatenmark beigeben. Mit Wasser aufgießen und alles zum Kochen bringen. Die Linsen in den Topf geben und etwa 45 Minuten bei geringer Hitze gar kochen. Den Kürbis untermischen und bei geringer Hitze 10–15 Minuten garen. Sollte die Suppe zu dickflüssig werden, Wasser hinzugießen. Mit schwarzem Pfeffer und Meersalz abschmecken. Die Suppe mit Basilikum servieren.

SPANISCHE LINSENSUPPE MIT CHORIZO

FÜR VIER PERSONEN

1 große Zwiebel, fein geschnitten
½ Karotte, gewürfelt
½ Stange Lauch in dünnen halben Ringen
2 Knoblauchzehen, fein gehackt
¾ rote Chilischote, fein gehackt
4 Strauchtomaten
2 TL Paprikapulver
2 Lorbeerblätter
60 g Tomatenmark
250 g Puy-Linsen, gewaschen
1,5 l Wasser
2 rote Paprikaschoten, geröstet und gewürfelt
  (siehe Seite 33)
200 g Chorizo, gewürfelt
15 ml Balsamicoessig
frisch gemahlener schwarzer Pfeffer und Meersalz

---

in Ringe geschnittene Frühlingszwiebeln zum
Garnieren

Das Olivenöl in einem Suppentopf erhitzen und darin die Zwiebel, die Karotte, den Lauch, den Knoblauch und die Chilischote mit einer Prise Meersalz andünsten. Die Unterseite der Strauchtomaten kreuzweise einschneiden, in kochendes Wasser tauchen, die Haut abziehen und die Tomaten würfeln.

Die Tomaten, das Paprikapulver, die Lorbeerblätter und das Tomatenmark zum Gemüse in den Topf geben. Unter Rühren kurz mitdünsten. Dann die Linsen und das Wasser hinzugeben. Das Ganze zum Kochen bringen und die Linsen bei großer Hitze 30 Minuten garen. Die Paprikaschote, die Chorizo und den Balsamicoessig untermischen, dann die Herdplatte ausschalten. Die Suppe 20 Minuten ziehen lassen. Mit schwarzem Pfeffer und Meersalz abschmecken. Die Suppe mit Frühlingszwiebeln servieren.

LINSENSUPPE MIT PROVENZALISCHEN KRÄUTERN UND JALAPEÑO-CHILIS

Süß, sauer und herzhaft: Noch eine Fusion-Suppe mit Linsen aus der Küche von *Natürlich Suppe*.

FÜR VIER PERSONEN

50 ml Olivenöl
1 mittelgroße Zwiebel, fein geschnitten
½ Karotte, gewürfelt
1 Knoblauchzehe, fein gehackt
125 ml Rotwein
2 Stängel Rosmarin, nur die Nädelchen, fein
   gehackt
2 Salbeiblätter, fein gehackt
8 Stängel Thymian, nur die Blättchen
50 g Tomatenmark
1 Dose geschälte Tomaten (400 g)
250 g Puy-Linsen
1,25 l Wasser
1 Lorbeerblatt
1 grüne Paprikaschote, geröstet und gewürfelt
   (siehe Seite 33)
8 Scheiben eingelegte Jalapeño-Chilis
6 Stängel Oregano, nur die Blättchen, fein
   gehackt
frisch gemahlener schwarzer Pfeffer und Meer-
   salz

Petersilie zum Garnieren

Das Olivenöl in einem Suppentopf erhitzen und darin die Zwiebel, die Karotte und den Knoblauch andünsten. Mit Rotwein ablöschen. Den Rosmarin, den Salbei und den Thymian hinzufügen. Das Tomatenmark, die Dosentomaten und die Linsen, das Wasser und das Lorbeerblatt beigeben. Alles zum Kochen bringen. Bei kleiner Hitze kochen, bis die Linsen gar sind. Die Paprikaschote und die Jalapeño-Chilis untermischen, die Herdplatte ausschalten und schließlich den Oregano zugeben. Mit schwarzem Pfeffer und Meersalz abschmecken. Die Suppe mit Petersilie servieren.

BRASILIANISCHE BRAUNE-BOHNEN-SUPPE MIT CHORIZO UND SALAMI

FÜR VIER PERSONEN

350 getrocknete braune Bohnen, über Nacht in
* reichlich Wasser eingeweicht*
1,5 l Wasser
3 Lorbeerblätter
50 g Butter
1 mittelgroße Zwiebel, fein geschnitten
½ Karotte, gewürfelt
½ Stange Lauch in dünnen halben Ringen
½ rote Chilischote, fein gehackt
1 große Knoblauchzehe, fein geschnitten
12 Stängel Thymian, nur die Blättchen
5 Salbeiblätter, fein geschnitten
50 g Tomatenmark
100 g Chorizo, gewürfelt
75 g Salami, gewürfelt
5 Stängel glatte Petersilie, fein geschnitten
Saft von ½ Limone
Meersalz

———————

Frühlingszwiebeln in Ringen und Sauerrahm
zum Garnieren

Die eingeweichten braunen Bohnen in einem Sieb abspülen. Danach die Bohnen in einen Topf geben und Wasser hinzugießen, bis die Bohnen großzügig bedeckt sind. Bei großer Hitze mit 1 Teelöffel Meersalz zum Kochen bringen. Sich eventuell bildenden Schaum von der Oberfläche abschöpfen und die Lorbeerblätter hinzufügen. Die Bohnen 75–90 Minuten sanft gar köcheln. Dann die Bohnen abgießen und die Kochflüssigkeit auffangen.

Die Butter in einem Suppentopf erhitzen und darin die Zwiebel, die Karotte, den Lauch, die Chilischote und den Knoblauch mit einer Prise Meersalz andünsten. Den Thymian, den Salbei und das Tomatenmark, die Chorizo, die Salami, die braunen Bohnen und die Kochflüssigkeit hinzugeben.

So viel Kochflüssigkeit verwenden, dass das Ganze knapp bedeckt ist, gegebenenfalls noch Wasser hinzufügen. Die Suppe aufkochen lassen, gut umrühren und die Herdplatte ausschalten. Zum Schluss fein geschnittene Petersilie darüberstreuen und mit Limonensaft und Meersalz abschmecken. Die Suppe mit Frühlingszwiebeln und Sauerrahm servieren.

CHILI SIN CARNE MIT MILDEN GERÄUCHERTEN CHILISCHOTEN

Natürlich Suppe-Besitzer Jamie und Chefkoch Thomas aßen einmal ein vegeta-
risches Chili mit einem besonders vollen Geschmack. Er faszinierte sie so sehr,
dass sie sich auf die Suche nach der Zutat begaben, die dieses Chili so besonders machte. Sie fanden sie in England, auf einer Chilifarm in Devon, die sich auf
getrocknete und geräucherte Chilischoten spezialisiert hatte.

FÜR VIER PERSONEN

1 scharfe und geräucherte Chipotle Morita
(getrocknete Chilischote, online erhältlich,
Chipotle-Pulver kann ebenfalls verwendet
werden)
350 g getrocknete Kidneybohnen, über Nacht
in reichlich Wasser eingeweicht
2 Lorbeerblätter
50 ml Olivenöl
1 mittelgroße Zwiebel, fein geschnitten
½ Karotte, gewürfelt
2 Knoblauchzehen, fein gehackt
½ rote Chilischote, fein gehackt
1 TL Paprikapulver
2 TL Kreuzkümmel
50 g Tomatenmark
1 grüne Paprikaschote, geröstet und gewürfelt
(siehe Seite 33)
Saft von 1½ Limonen
Meersalz

Sauerrahm, Frühlingszwiebeln und Koriander-
blättchen zum Garnieren

Die Chipotle-Chilischote in warmem Wasser einweichen, bis sie weich ist. Die eingeweichten Kidneybohnen in einem Sieb
abspülen. Die Bohnen in einen Topf geben
und Wasser hinzugeben, bis sie großzügig
bedeckt sind. Bei großer Hitze mit 1 Teelöffel Meersalz zum Kochen bringen, die
Lorbeerblätter und die Chipotle-Chilischote hinzufügen. Sich eventuell bildenden
Schaum von der Oberfläche abschöpfen.
Die Bohnen 75–90 Minuten sanft gar köcheln. Die Bohnen abgießen und die Kochflüssigkeit auffangen.

Das Olivenöl in einem Suppentopf erhitzen und darin die Zwiebel, die Karotte,
den Knoblauch und die rote Chilischote
mit einer Prise Meersalz andünsten. Das
Paprikapulver und den Kreuzkümmel darüberstreuen und kurz mitdünsten. Das
Tomatenmark unterrühren und die Kidneybohnen mit der Kochflüssigkeit zugeben.
Wasser hinzufügen, bis das Ganze knapp
bedeckt ist. Die Suppe köcheln lassen,
bis sie leicht cremig ist. Zum Schluss die
geröstete Paprikaschote untermischen. Mit
Limonensaft und Meersalz abschmecken.
Die Suppe mit Sauerrahm, Frühlingszwiebeln und Korianderblättchen servieren.

KARIBISCHE KOKOSSUPPE MIT BOHNEN

FÜR VIER PERSONEN

*200 g getrocknete Kidneybohnen, über Nacht
    in reichlich Wasser eingeweicht*
*200 g getrocknete schwarze Bohnen, über
    Nacht in reichlich Wasser eingeweicht*
25 ml Sonnenblumenöl
6 Frühlingszwiebeln, fein geschnitten
½ rote Paprikaschote, gewürfelt
½ rote Chilischote, fein gehackt
1 große Knoblauchzehe, fein gehackt
½ TL Pimentkörner, zerstoßen (ca. 5 Körner)
½ TL Kreuzkümmel
¼ TL Kurkuma
¼ TL Koriandersamen, gemahlen
3 Strauchtomaten, entkernt und gewürfelt
6 Stängel frischer Thymian, nur die Blättchen
500 ml cremige Kokosmilch
500 ml Wasser
Saft von 1 Limone
Meersalz

––––––––––

Frühlingszwiebeln in Ringen zum Garnieren

Die eingeweichten Kidneybohnen und die schwarzen Bohnen abspülen und jeweils in einem eigenen Topf in reichlich Wasser mit 1 Teelöffel Meersalz garen. Die Bohnen abgießen und die Kochflüssigkeit aufbewahren.

Das Sonnenblumenöl in einem Suppentopf erhitzen und darin die Frühlingszwiebeln, die Paprikaschote, die Chilischote und den Knoblauch mit einer Prise Meersalz andünsten. Nach 5 Minuten die Gewürze, die Tomaten und den Thymian unterrühren und kurz mitdünsten. Nun die Kokosmilch, die Bohnen und die Kochflüssigkeit hinzugeben und 20 Minuten sanft köcheln lassen. Die Suppe mit Limonensaft und Meersalz abschmecken und mit Frühlingszwiebelringen servieren.

MAROKKANISCHE KICHERERBSEN-SUPPE MIT GRÜNEM HARISSA

FÜR VIER PERSONEN

200 g getrocknete Kichererbsen, über Nacht in reichlich Wasser eingeweicht
50 ml Olivenöl
1 mittelgroße Zwiebel, fein geschnitten
1 Knoblauchzehe, fein geschnitten
½ Stange Lauch in dünnen halben Ringen
½ Karotte, gewürfelt
2 Stangen Staudensellerie in 0,5 cm breiten Stücken
3 TL Kreuzkümmel
1 TL Chilipulver
½ TL Koriandersamen, gemahlen
4 Strauchtomaten
40 g Tomatenmark
½ kleiner Hokkaidokürbis, entkernt und gewürfelt
500 ml Wasser
1 rote Paprikaschote, geröstet und gewürfelt (siehe Seite 33)
3 TL Limonensaft
Meersalz

---

grünes Harissa (siehe Seite 131) zum Garnieren

Die eingeweichten Kichererbsen in einem Sieb waschen. Die Kichererbsen in einen Topf geben und Wasser hinzugeben, bis sie großzügig bedeckt sind. Mit einem Teelöffel Meersalz bei starker Hitze zum Kochen bringen. Sich eventuell bildenden Schaum auf der Oberfläche abschöpfen. Die Kichererbsen etwa 90 Minuten sanft gar köcheln und danach das Wasser abgießen.

Das Olivenöl in einem Suppentopf erhitzen und darin die Zwiebel, den Knoblauch, den Lauch, die Karotte und den Staudensellerie andünsten. Nach 5 Minuten den Kreuzkümmel, das Chilipulver und den Koriandersamen hinzufügen und mitdünsten lassen. Die Unterseite der Tomaten kreuzförmig einschneiden, die Tomaten kurz in heißes Wasser tauchen und enthäuten. Die Tomaten würfeln und gemeinsam mit dem Tomatenmark und dem Kürbis zur Suppe geben. Wasser zugießen, bis das Gemüse knapp bedeckt ist. Bei geringer Hitze köcheln lassen, bis der Kürbis gar ist. Dann ⅔ der Kichererbsen unterrühren. Den Rest der Kichererbsen mit ein wenig Wasser pürieren und ebenfalls mit der Suppe vermengen. Die Suppe umrühren und 10 Minuten bei geringer Hitze weiter köcheln lassen. Zum Schluss die geröstete Paprikaschote und den Limonensaft hinzufügen. Die Suppe mit Meersalz abschmecken und mit grünem Harissa servieren.

MAROKKANISCHE KICHERERBSEN-SUPPE MIT SPINAT

FÜR VIER PERSONEN

300 g getrocknete Kichererbsen, über Nacht in reichlich Wasser eingeweicht
50 ml Olivenöl
1 mittelgroße Zwiebel, grob geschnitten
2 Knoblauchzehen, grob gehackt
2½ TL Chilipulver
1 TL Zimt
½ TL Cayennepfeffer
70 g Tomatenmark
100 getrocknete Aprikosen, fein geschnitten
150 g Blattspinat, gewaschen und grob geschnitten
Saft von 1½ Limonen
Meersalz

———————

Joghurt und Korianderblättchen zum Garnieren

Die eingeweichten Kichererbsen in einem Sieb abspülen. Die Kichererbsen in einen Topf geben und Wasser hinzugießen, bis sie großzügig bedeckt sind. Mit einem Teelöffel Salz bei großer Hitze kochen. Sich eventuell bildenden Schaum an der Oberfläche abschöpfen. Die Kichererbsen sanft köchelnd ca. 90 Minuten garen. Dann das Wasser abgießen.

Das Olivenöl in einem Suppentopf erhitzen und darin die Zwiebel und den Knoblauch andünsten. Das Chilipulver, den Zimt und den Cayennepfeffer einrühren. Das Tomatenmark und Wasser hinzugeben, bis alles knapp bedeckt ist. Die Suppe umrühren und die Aprikosen untermischen. Die Suppe 10 Minuten sanft köcheln lassen, dann die Herdplatte ausschalten. Den Spinat und die Hälfte der Kichererbsen hinzufügen. Die Suppe mit dem Stabmixer pürieren, bis der Spinat fein gemahlen ist. Zum Schluss die restlichen Kichererbsen in die Suppe geben. Wenn sie zu dick wird, Wasser hinzugießen. Mit Limonensaft und Meersalz abschmecken. Die Suppe mit Joghurt und Korianderblättchen servieren.

ERDNUSSSUPPE MIT BANANEN

Als wir die Rezepte für unser Blog zusammenstellten, haben wir die Erdnusssuppe vergessen. Eine in Deutschland lebende italienische Kochenthusiastin, die diese Suppe in unserem Imbiss gegessen hatte, fand sie so lecker, dass sie uns um das Rezept bat. Hier nun also das Rezept für Roberta, mit dem Versprechen, nie wieder ein Rezept zu Unrecht zu vergessen.

FÜR VIER PERSONEN

50 ml Sonnenblumenöl
1 mittelgroße Zwiebel, grob geschnitten
½ Karotte, in 1 cm breiten Scheiben
1 Knoblauchzehe, grob gehackt
½ scharfe Chilischote (Adjuma- oder Madame-Jeanette-Chili), fein gehackt
1 Stange Staudensellerie, fein geschnitten
½ Stange Lauch in dünnen halben Ringen
1 Dose geschälte Tomaten (400 g)
200 g geröstete, ungesalzene Erdnüsse
120 g Erdnussbutter
2 Lorbeerblätter
8 Pimentkörner, fein gemahlen
½ Backbanane, gewürfelt
1 kleine Süßkartoffel, gewürfelt
125 g grüne Bohnen
Saft von ½ Limone
Meersalz

———————

Frühlingszwiebeln in dünnen Ringen, Sojasprossen und geröstete Zwiebeln zum Garnieren

Das Sonnenblumenöl in einem Suppentopf erhitzen und darin die Zwiebel, den Knoblauch, die Adjuma-Chilischote, den Staudensellerie und den Lauch mit einer Prise Meersalz andünsten. Die geschälten Tomaten hinzufügen. Das Ganze zum Kochen bringen und die gerösteten Erdnüsse und die Erdnussbutter unterrühren. Mit dem Stabmixer alles zu einer glatten Masse pürieren. Die Lorbeerblätter und den Piment zugeben und die Suppe bei geringer Hitze aufkochen. Die Backbanane und die Süßkartoffel beigeben. Die Mischung 5 Minuten köcheln lassen und dann die grünen Bohnen hinzufügen. Alles 10 Minuten köcheln lassen, bis die Süßkartoffeln gar sind. Zum Schluss Limonensaft unterrühren und die Suppe mit Meersalz abschmecken; sie sollte pikant gewürzt sein. Mit Frühlingszwiebeln, Sojasprossen und gerösteten Zwiebeln servieren.

soup
en zo

THE SHOP

SUPPENTRÄUME

Natürlich Suppe ist ein kleiner Anbieter von frischem und gesundem Essen. In unseren Imbissen kochen wir für Menschen, die in der Nähe wohnen und arbeiten, und für gelegentlich vorbeikommende Touristen. Mit mehr als 40 Mitarbeitern, davon zwölf Köchen, gibt *Natürlich Suppe* einer großen Gruppe von Menschen Arbeit. Diese Arbeit ist für uns persönlich von Bedeutung, ermöglicht es uns aber auch, eine Esskultur zu fördern, die wir für wichtig halten: eine gesunde Ernährung mit weniger Fleisch und mit biologischen Produkten.

Das Bewusstsein dafür wächst, doch solche Prozesse haben ihr eigenes Tempo. Im Sinne einer „wholesome action" lässt sich noch sehr viel zur Welt beitragen. Wir tun, was wir können, und denken unterdessen über weitere Orte nach, an denen die *Natürlich Suppe*-Methode funktionieren könnte. Wie wäre es wohl, in einem Krankenhaus oder einem großen Büro zu kochen? In einer offenen Küche, die Menschen betreten könnten, um zu sehen, zu riechen und zu kosten, was wir kochen. Solche Zukunftsvorstellungen erfüllen uns mit Freude. Wir möchten möglichst viel Kontakt zu unseren Gästen haben und hoffen daher, mit diesem Suppenkochbuch auch mit Ihnen in Kontakt zu kommen. Genießen Sie also unsere Suppen und lassen Sie uns einander kennenlernen.

Eine offene Küche, in die Menschen eintreten könnten, um zu sehen, zu riechen und zu kosten, was wir kochen. Diese Art von Zukunftsvorstellungen erfüllt uns mit Freude.

BRÜHE

Unsere Zwiebelsuppe ist typisch
für die Art, wie *Natürlich Suppe*
kocht: Statt Rinderbrühe verwenden
wir Zwiebeln, die mit Speck oder
Pancetta und Sternanis angesetzt
werden. Das Ergebnis ist eine nuan-
cenreiche Suppe mit einem Hauch
Speckaroma. Bereiten wir eine Brühe
auf traditionelle Weise zu, bringen
wir sie – wie bei der orientalischen
Hühnersuppe – schon im Ansatz in
die Geschmacksrichtung, die sie
letztlich erhält.

HOLLÄNDISCHE HÜHNERSUPPE

Hühnersuppe, *selbst gekochte* Hühnersuppe hat einen mythischen Status als Grippemedizin. Nicht ohne Grund wird Hühnersuppe auch als jüdisches Penizillin bezeichnet. Einige Wissenschaftler haben versucht, die Heilwirkung von Hühnersuppe bei Grippe und Erkältung nachzuweisen. Bisher jedoch ohne durchschlagende Beweiskraft. Wovon wir allerdings überzeugt sind, ist die heilsame Wirkung der Sorgfalt und Aufmerksamkeit, die dieser Suppe gewidmet wird. An die Arbeit also! Mit diesem einfachen Rezept.

FÜR ACHT PERSONEN

Brühe
2,5 l Wasser
1 Huhn von ca. 1,3 kg
4 TL Meersalz
3 Stangen Staudensellerie, grob geschnitten
1 Stange Lauch, grob geschnitten
1 Karotte in 1 cm breiten Scheiben
1 große Zwiebel, grob geschnitten
2 Knoblauchzehen, grob geschnitten
½ TL Pfefferkörner
10 Stängel Rosmarin
5 Stängel Thymian
frisch gemahlener schwarzer Pfeffer und Meer-
*   salz*

Einlage
1 Karotte, gewürfelt
1 Stange Lauch in dünnen halben Ringen
3 Stangen Stangensellerie in 0,5 breiten Stü-
*   cken*

———

Petersilie zum Garnieren

Für die Brühe das Wasser mit dem Huhn und dem Meersalz in einem Suppentopf zum Kochen bringen. Den Schaum von der Oberfläche abschöpfen. Das Gemüse, die Pfefferkörner, den Rosmarin und den Thymian hinzufügen. Die Brühe ca. 60 Minuten bei geringer Hitze ziehen lassen, bis sich die Hühnerschlegel leicht vom Huhn abtrennen lassen. Das Huhn aus der Brühe nehmen und die Brühe abkühlen lassen.

Die Brühe durchsieben und zurück in den Topf gießen, die Einlage dazugeben. Die Suppe ist fertig, wenn die Karottenwürfel weich sind. Mit schwarzem Pfeffer und Meersalz abschmecken. Die Suppe mit Petersilie servieren.

ORIENTALISCHE HÜHNERBRÜHE

FÜR 3,5 LITER

1 Huhn von ca. 1,3 kg
3,5 l kaltes Wasser
100 g Ingwerwurzel
25 weiße Pfefferkörner
5 Stängel Frühlingszwiebeln, die weißen Teile
1 EL Meersalz

Das Huhn mit kaltem Wasser abspülen und das Fett am Hinterteil abschneiden. Das Huhn mit dem Wasser in einen Topf geben. Beides zum Kochen bringen und den Schaum von der Oberfläche abschöpfen. Die Hitze reduzieren, bis kein Schaum mehr aufsteigt. Dann die übrigen Zutaten hinzufügen. Die Brühe ca. 60 Minuten ziehen lassen, bis sich die Schlegel leicht vom Huhn ablösen lassen. Das Huhn aus der Brühe nehmen und diese durch ein feines Sieb gießen. Das Hühnerfleisch in kleine Stücke zerpflücken und wieder zurück in die Brühe geben.

FRISCHE HÜHNERSUPPE MIT REIS UND ZITRONE

FÜR ACHT PERSONEN

50 ml Sonnenblumenöl
1 große Zwiebel, fein geschnitten
Schalenabrieb von 1 unbehandelten Zitrone
1 Portion orientalische Hühnerbrühe + Fleisch
  (siehe Seite 119)
2 Stängel Zitronengras, der Länge nach einge-
  schnitten
7 Limonenblätter
100 g Basmatireis, gewaschen
2 Stangen Staudensellerie in 0,5 cm breiten
  Stücken
Meersalz
Saft von 1 Zitrone

Frühlingszwiebeln in Ringen und Sojasprossen
zum Garnieren

Das Sonnenblumenöl in einem Suppentopf erhitzen und darin die Zwiebel und den Schalenabrieb der Zitrone andünsten. Achten Sie darauf, dass die Zwiebel nicht braun wird. Die durchgesiebte Brühe, das Zitronengras und die Limonenblätter hinzufügen. Das Ganze zum Kochen bringen, den Reis unterheben und die Suppe 8 Minuten garen.

Inzwischen das Fleisch von dem Huhn zupfen und in Streifen schneiden. Die Suppe noch einmal aufkochen und die Herdplatte ausschalten. Zum Schluss den Staudensellerie untermischen. Die Suppe mit Meersalz und Zitronensaft abschmecken. Mit Frühlingszwiebeln und Sojasprossen servieren.

ZWIEBELSUPPE MIT GRATINIERTEM BAGUETTE

Unsere Köchin Elise aß in Irland einmal eine unglaublich leckere Zwiebelsuppe. Ihre Begeisterung nahm noch zu, als sie erkannte, dass die Suppe ihren herzhaften Geschmack nicht einer klassischen Rinderbrühe, sondern nur einer kleinen Menge von gebratenem Speck verdankte. Daher verwenden auch wir nun diese Methode.

FÜR VIER PERSONEN

70 g dünne Scheiben Pancetta, fein geschnitten
50 g Butter
1 kg Zwiebeln in halben Ringen
1 Sternanis
1 EL Tomatenmark
150 ml Weißwein
50 ml Sherry
2 Lorbeerblätter
750 ml Wasser
7 Salbeiblätter, fein geschnitten
8 Stängel Thymian, nur die Blättchen
frisch gemahlener schwarzer Pfeffer und Meersalz

Gratiniertes Baguette (siehe Seite 134) zum Garnieren

Den Pancetta in einem Suppentopf braten. Die Butter und die Zwiebeln sowie eine kräftige Prise Meersalz und den Sternanis hinzufügen. Die Zwiebeln ca. 35 Minuten dünsten, bis sie weich, süß und gebräunt sind. Dann das Tomatenmark, den Weißwein, den Sherry, die Lorbeerblätter und das Wasser zugeben und alles bei geschlossenem Deckel zum Kochen bringen. Die Suppe bei geringer Hitze 20 Minuten köcheln. Zum Schluss den fein geschnittenen Salbei und den Thymian hinzufügen. Die Suppe mit schwarzem Pfeffer und Meersalz abschmecken. Das gratinierte Baguette auf die Suppe legen und diese heiß servieren.

KARIBISCHE KOKOSSUPPE MIT HUHN UND GAMBAS

FÜR VIER PERSONEN

250 g Hühnerschlegel, in kleine Stücke geschnitten
1,5 l Wasser
½ TL Meersalz
2 Stängel Zitronengras, der Länge nach eingeschnitten
15 Limonenblätter
1 Strunk Galgantwurzel in 1 cm breiten Scheiben
⅓ scharfe Chilischote (Adjuma- oder Madame Jeanette-Chili), fein gehackt
½ Süßkartoffel, gewürfelt
70 g grüne Bohnen in 2 cm breiten Stücken
100 g Okra in Scheiben
70 g Champignons in Scheiben
125 g geschälte Gambas, an der dicken Seite eingeschnitten
¼ Maiskolben, die ausgelösten Maiskörner
150 ml cremige Kokosmilch
Saft von 1 Limone

Korianderblättchen zum Garnieren

Die Hühnerschlegel in einen Suppentopf legen und mit Wasser und Meersalz zum Kochen bringen. Den Schaum von der Oberfläche abschöpfen. Das Zitronengras, die Limonenblätter, die Galgantwurzel und die Chilischote hinzufügen. 10 Minuten sanft köcheln lassen. Die Süßkartoffel untermischen und bissfest garen. Dann die grünen Bohnen, die Okras, die Champignons, die Gambas und den Mais dazu geben. Alles erneut kurz aufkochen, dann die Herdplatte ausschalten. Das Zitronengras und die Limonenblätter aus der Suppe entfernen. Schließlich die cremige Kokosmilch und den Limonensaft unterrühren. Mit Korianderblättchen servieren.

TOPPINGS

Eine Verzierung, eine Möglichkeit,
eine Bereicherung. Nicht notwendig,
sondern ergänzend und manchmal
geschmacksverstärkend. Außerdem
ist es einfach nett, etwas auf seine
Suppe zu geben. Ein kleines Ritual.
Ein Beitrag zum Genuss.

BASILIKUMPESTO

Wir stellen unsere Pestos gewöhnlich ohne Käse her, sodass sie auch für Veganer geeignet sind. Um ein traditionelleres Pesto zu erhalten, können Sie natürlich auch Parmesan hinzufügen. Dieses Pesto servieren wir unter anderem zur toskanischen Tomatensuppe.

FÜR ZWEI SUPPEN

75 ml kalt gepresstes Olivenöl
50 g Pinienkerne, leicht angeröstet
1 großer Bund Basilikum (50 g), nur die Blätter
1 kleine Knoblauchzehe, fein gehackt
1 Prise Meersalz
20 g Parmesan, gerieben (nach Belieben)

Alle Zutaten in einen Mixer füllen. Das Pesto glatt, aber nicht zu fein pürieren. Eventuell noch mit etwas Meersalz abschmecken.

UNSER GRÜNES HARISSA

Traditionelles Harissa ist eine hellrote Chilipaste, die ihren Ursprung in Tunesien hat und heute in der gesamten nordafrikanischen Küche verwendet wird. Harissa ist in etwa mit Sambal vergleichbar. Wir sind ein wenig eigensinnig und haben eine eigene Version entwickelt, die nicht rot, sondern grün ist und mehr Ähnlichkeit mit einem Pesto als mit einer Paste aufweist. Wir verwenden unser Harissa in verschiedenen Suppen, unter anderem in der marokkanischen Kichererbsensuppe (siehe Seite 105 und 106).

FÜR VIER PERSONEN

90 ml Olivenöl
2 grüne Chilischoten
1 Bund Koriander, fein geschnitten
1 Bund Minze, nur die Blättchen, fein geschnitten
1 Bund glatte Petersilie, fein geschnitten
1 Knoblauchzehe, fein geschnitten
⅛ TL Meersalz

Alle Zutaten gemeinsam in den Mixer oder den Becher eines Stabmixers geben. Alles zu einer glatten Paste pürieren.

WÜRZIGES KORIANDERPESTO

Wir servieren dieses Pesto zur Karottensuppe mit würzigem Korianderpesto (siehe Seite 30). Dieses würzige Pesto hat eher Ähnlichkeit mit einer frischen Currypaste als mit einem Basilikumpesto.

FÜR 150 ML

100 ml kalt gepresstes Olivenöl
4 grüne Chilischoten, grob gehackt
1 Knoblauchzehe, grob gehackt
½ kleine rote Zwiebel, grob geschnitten
1 Bund Koriander
½ TL Meersalz

Alle Zutaten in einem Mixer zu einer schönen Paste mahlen. Sie können auch einen Stabmixer verwenden.

PISTOU

Das Pistou (eine regionale Variante des Pestos) wird zur Gemüsesuppe auf Seite 46 serviert. Probieren Sie es ruhig auch einmal auf einer Scheibe frischem Baguette.

FÜR 150 ML

75 g Butter (bei Raumtemperatur weich werden lassen)
1 Bund glatte Petersilie, nur die Blättchen, fein gehackt
2 Knoblauchzehen, fein gehackt
⅛ TL Meersalz

Die Zutaten zu einer homogenen Masse vermengen. Eventuell im Kühlschrank kurz fest werden lassen.

CROUTONS

FÜR VIER PERSONEN

1 EL Olivenöl
2 Scheiben kräftiges Brot, gewürfelt
1 Prise Meersalz

Das Olivenöl in einer Pfanne erhitzen. Wenn das Olivenöl heiß ist, das Brot hinzufügen und goldbraun backen. Die Pfanne regelmäßig schütteln. Gegen Ende eine Prise Meersalz darüberstreuen.

GERÖSTETE KÖRNERMISCHUNG

FÜR VIER PERSONEN

20 g Sonnenblumenkerne
20 g Kürbiskerne
10 Pinienkerne
¼ TL Chilipulver
1 Prise grobes Meersalz

Alle Zutaten in einer Pfanne anrösten, bis die Körner goldbraun sind.

GRATINIERTE BROTSCHEIBEN

FÜR VIER PERSONEN

4 Scheiben Sauerteigbrot
80 g alten Käse, gerieben

Den Grill anschalten. Brotscheiben auf die gewünschte Größe zurechtschneiden (oder mit einem Ring schöne Kreise ausstechen). Die Brotscheiben mit dem geriebenen Käse bestreuen und grillen, bis sie schön goldbraun sind.

ANMERKUNGEN ZU DEN REZEPTEN

Die Rezepte sind für zwei, drei oder vier Personen gedacht. Die Menge für vier Personen beträgt ca. 2 Liter.

Teelöffel (5 ml) und Esslöffel (15 ml) sind immer gestrichene Löffel.

Wir **wiegen** unsere Zutaten in geputztem Zustand: geschält und gewaschen. Bei frischen Kräutern werden stets nur die Blätter verwendet.

Wir verwenden immer **Meersalz**, unter anderem deshalb, weil es kein Jod enthält. Sie können später immer noch Salz hinzufügen; zu viel Salz zu neutralisieren ist hingegen schwieriger.

Wir finden **dicke Suppen** köstlich, doch Sie können die Dicke leicht variieren, indem Sie mehr Wasser hinzugeben. Das gilt auch für das Pürieren: Entscheiden Sie sich für eine cremige Suppe, dann pürieren Sie sie etwas länger; mögen Sie hingegen Suppen mit etwas Textur, dann pürieren Sie die Suppen nur kurz oder nehmen Sie einen kleinen Teil der Zutaten vor dem Pürieren heraus und fügen sie ihn später der Suppe wieder hinzu.

Küchengeräte: Alle Rezepte sind mit einer Basis-Küchenausstattung durchführbar. Zusätzlich brauchen Sie nur einen Stabmixer und einen Mörser.

Praktisch: Eine Zange, um Paprikas über der Gasflamme des Herds zu rösten und zu drehen. Eine feine Reibe für Zitronenschalen.

DANK

Unser Dank gilt den Suppies! Und besonders den Köchen, die so hart für dieses Buch gearbeitet haben. Besondere Erwähnung verdienen Elise, die beim Test-kochen und Verfeinern der Rezepte half, Danny, der immer präsent ist, und Mag-riet, die im Hintergrund dafür sorgt, dass wir unsere Arbeit machen können.

REGISTER

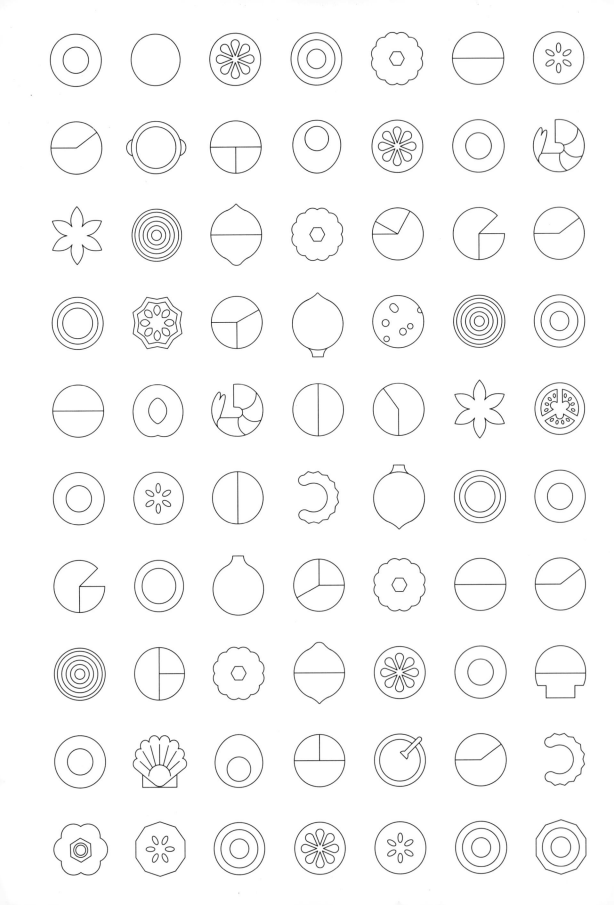